WISSENSCHAFTLICHE BEITRÄGE AUS DEM TECTUM VERLAG

Reihe Literaturwissenschaft

WISSENSCHAFTLICHE BEITRÄGE
AUS DEM TECTUM VERLAG

Reihe Literaturwissenschaft

Band 16

Marina Karlheim

Schreiben über die Väter

Erinnerungstopografien - eine Analyse

Tectum Verlag

Marina Karlheim

Schreiben über die Väter.
Erinnerungstopografien – eine Analyse
Wissenschaftliche Beiträge aus dem Tectum Verlag:
Reihe: Literaturwissenschaft; Bd. 16
ISBN: 978-3-8288-2414-0
ISSN: 1867-772X

Besuchen Sie uns im Internet
www.tectum-verlag.de

Bibliografische Informationen der Deutschen Nationalbibliothek
Die Deutsche Nationalbibliothek verzeichnet diese Publikation in der Deutschen Nationalbibliografie; detaillierte bibliografische Angaben sind im Internet über http://dnb.ddb.de abrufbar.

1. Einleitung

Erinnerungen formen das Selbstbild eines jeden Menschen. Traumatische Erinnerungen oder Lebensverhältnisse sowie Entdeckungen und Widersprüche können eine Auseinandersetzung mit einer Vergangenheit erforderlich machen. Dabei spielt die Frage nach der eigenen Identität eine wichtige Rolle. Wer bin ich? Wo komme ich her?

Im Rahmen der (auto-)biografisch geprägten literarischen Auseinandersetzung mit den im NS-Regime verstrickten Vätern möchte ich im Kapitel *Generation/en: Eine Auseinandersetzung mit dem Nationalsozialismus* Grundzüge zum Konflikt der Generationen und verschiedene Positionen der deutschen Literatur nach 1945 aufzeigen. Da im Kontext der Vergangenheitsbewältigung zudem die Phänomene Erinnerung und Gedächtnis relevant sind, werden im Kapitel *Formen der Erinnerung* zum einen deren Mechanismen und Funktionen beschrieben und zum anderen Merkmale des (auto-)biografischen Erinnerns vorgestellt. Hinsichtlich der Thematik der vorliegenden Arbeit ist eine Beschäftigung mit dem Begriff des Raums unausweichlich. Dabei ist zu berücksichtigen, dass die Vorstellungen von Raum facettenreich und keineswegs klar definiert sind. Daher versuche ich, im Kapitel *Vorstellungen von Raum: Ansätze und Begriffe* anhand einer Auswahl soziologischer, geografischer sowie literatur- und kulturwissenschaftlicher Forschungsansätze einen akzentuierten Raumbegriff darzustellen.

Das Kapitel *(Auto-)Biografien im Spannungsfeld der Generationen* bildet schließlich das Kernstück meiner Arbeit. Die Auseinandersetzung der Söhne mit der nationalsozialistischen Vergangenheit ihrer Väter wird anhand von drei literarischen Fallbeispielen thematisiert: 1. Christoph Meckels *Suchbild. Über meinen Vater*, 2. Peter Henischs *Die kleine Figur meines Vaters* und 3. Bernward Vespers *Die Reise*. Dabei wird der Frage nachgegangen, inwiefern in der sogenannten Väterliteratur die Erinnerung an, in und mit Räumen gestaltet wird. Hier sollen sowohl geografisch gebundene als auch metaphorische Räume Gegenstand der Untersuchung sein.

In der abschließenden Schlussbetrachtung fasse ich die Untersuchungsergebnisse noch einmal kurz zusammen und stelle hinsichtlich der drei Fallbeispiele einen analytischen Vergleich an.

Hinsichtlich der Forschungslage gibt es eine Reihe von Literatur- und Kulturwissenschaftler, die sich mit den Themen *Topografie* und *Väterliteratur* beschäftigt haben. Exemplarisch zu nennen sind hier das Werk von Hartmut Böhme mit wissenschaftlichen Beiträgen von verschiedenen Experten, *Topographien der Literatur,* die Arbeiten von Sigrid Weigel, *Topographien der Geschlechter* und Claudia Mauelshagen, *Der Schatten der Väter. Deutschsprachige Väterliteratur der siebziger und achtziger Jahre.* Eine mit der vorliegenden Arbeit vergleichbare Untersuchung liegt nach meiner Erkenntnis und meinen Recherchen noch nicht vor.

2. Generation/en: Eine Auseinandersetzung mit dem Nationalsozialismus

2.1 Generationen: Definitionen und Konzepte

Ähnlich wie die Genealogie findet der Begriff der Generation in den verschiedenen Disziplinen der Natur- und Geisteswissenschaften seine Anwendung. Genealogie ist die Lehre von dem Ursprung, der Folge und der Verwandtschaft von Geschlechtern. Generation ist zunächst einmal die Gesamtheit aller ungefähr gleichaltrigen Individuen, die ähnliche kulturelle und soziale Orientierungen und Verhaltensformen aufweisen. Generation ist somit ein zeitlicher Ordnungsbegriff. Dabei steht im pädagogisch-psychoanalytischen Bereich der familiäre Bezug, also die verwandtschaftlichen Beziehungen innerhalb von Großfamilien, im Vordergrund der Untersuchungen von Generationen. Dagegen sind die Forschungsmodelle der Historiker, Politikwissenschaftler und Soziologen eher horizontal, d. h. auf die jeweils einer Alterskohorte zugehörige Generation einer Gesellschaft ausgerichtet. Dabei ist jedoch zu bedenken, dass diese beiden Bezugselemente nicht strikt voneinander zu trennen sind und immer wieder in Interaktion miteinander treten. So kann eine Generation nicht ohne den genealogischen Bezug betrachtet werden, da sie sich selbst unter anderem über die Abgrenzung zur vorausgegangenen Generation definiert.[1]

Als wichtigster Theoretiker des Generationenkonzeptes gilt der Soziologe Karl Mannheim. „Gemeinsamer kultureller Kontext, chronologische Gleichzeitigkeit sowie die Wahrnehmung des Geschehens aus der gleichen Lebens- und Bewusstseinsschichtung heraus gehörten für [ihn] zu den entscheidenden Voraussetzungen generationeller Vergemeinschaftung."[2] In seiner Abhandlung zum *Problem der Generationen* von 1928 stellte er einen Zusammenhang zwischen der generativen Erneuerung einer Gesellschaft und deren Werte- und Kulturwandel her. Die Mitglieder einer Generationseinheit verbindet demnach, dass sie auf bestimmte Ereignisse und Lebensbedingungen aus einer gemeinsamen Grundstimmung heraus reagieren. Noch heute dominiert in den Wissenschaften dieser soziologische

---

1 Assmann, Generationsidentitäten, 2006, S. 20 f.; vgl. Brockhaus, Bd. 1, 2000, S. 540 f.; Jureit, 2006, S. 7–10; Weigel, 2006, S. 9 f.

2 Jureit, 2006, S. 22.

synchrone Ansatz, in welchem Generation als eine Gemeinschaft oder Kohorte definiert wird, die ähnliche Erfahrungen, Einstellungen und Lebensstile teilt und aufgrund dessen eine selbstbestimmte Handlungseinheit bildet, die sich von denen anderer Generationen differenziert. Ihre Identität gewinnen sie jedoch nicht nur aus gemeinsamen Wahrnehmungsformen, Erlebnissen und Wertestrukturen, sondern auch aus der Art und Weise, wie sie diese (nicht) erinnern, bewerten und historisch einordnen. Vernachlässigt werden im soziologisch synchronen Ansatz jedoch generationsübergreifende Aspekte wie beispielsweise die Transgenerationalität, die auf die von Siegmund Freud als ‚Gefühlserbschaft' charakterisierte Verbundenheit zwischen Eltern und Kindern verweist und die emotionale Weitergabe konflikthaltiger Erfahrungen bezeichnet. Während die erste Generation also die erlebende, die am Geschehen unmittelbar teilnehmende Generation bildet, leidet die zweite (und dritte) Generation nicht an persönlich erlebten, sondern an übertragenen Konflikten. Innerhalb der Auseinandersetzungen mit dem Nationalsozialismus wurde dieses Phänomen in Deutschland vor allem hinsichtlich der Übertragung von Schuld untersucht. Indem nämlich die sogenannte erste Generation eine Diskussion um die eigene Schuldfrage meist vermied, übertrug sie diese Verantwortung auf die nachfolgende Generation, welche mit Schuldannahme oder -ablehnung reagierte. Aufgrund mangelnder Kommunikationsbereitschaft seitens der Kriegsgeneration musste die zweite Generation häufig auf Annahmen, Andeutungen, Gerüchte und historisches Fachwissen zurückgreifen, um die eigene Familiengeschichte im Hinblick auf die Zeit des Nationalsozialismus rekonstruieren zu können.[3]

Des Weiteren ist zu hinterfragen, welche Trägergruppen eine Alterskohorte primär repräsentieren, d. h., welche sozialen Gruppen sich zu einer öffentlich wahrnehmbaren Generationsgemeinschaft formieren. So können verschiedene zur gleichen Alterskohorte zugehörige Personen eine Generation durchaus unterschiedlich repräsentieren, sodass ‚Generationseinheiten' also nicht als homogenes, sondern als heterogenes Gebilde angesehen werden müssen.[4]

Die zwischen 1933 und 1945 geborenen sogenannten Kriegskinder verbrachten ihre Kindheit und Jugend zur Zeit des Krieges bzw.

---

3 Assmann, Generationsidentitäten, 2006, S. 20 f.; vgl. Jureit, 2006, S. 20–25, 70–78; Weigel, 2006, S. 101–111.

4 Jureit, 2006, S. 43–48; vgl. Wildt, 2005, S. 173.

während der Nachkriegszeit. In dieser Zeit wurden die meisten von ihnen mit einer ökonomischen und sozialen Notlage sowie dem Verlust von Bezugspersonen - vor allem von dem sich im Krieg oder in Kriegsgefangenschaft befindenden bzw. verstorbenen Vater - konfrontiert. Erschwerend hinzu kamen die erlebten oder befürchteten Gewalterfahrungen. Aus diesen Kindern formte sich später die sogenannte 68er-Generation heraus, deren Diskurs mit der vornehmlich als Täter wahrgenommenen Kriegsgeneration von zentraler Bedeutung für die Vergangenheitsbewältigung Deutschlands war. In diesem nationalen Diskurs, der auf generationeller Ebene ausgetragen wurde, wurden Schuldabwehr und Reinheitsbegehren gleichermaßen artikuliert. Die 68er-Generation stellte die Elterngeneration unter Pauschalverdacht und legte ihr Schweigen und das Verleugnen der begangenen Verbrechen als Schuldbekenntnis aus. Täterschaft umfasste in ihrem Verständnis nicht nur NS-Verbrecher, sondern auch Mitläufer, passive Dulder des NS-Systems und diejenigen, die jedwede politische Verantwortung von sich zu weisen wussten. Sie selber schienen sich eher mit den Opfern, beispielsweise mit den verfolgten Juden und den politisch Verfolgten identifizieren zu wollen, sodass sie sich schließlich selbst als Opfer des nationalsozialistischen Systems stilisierten. Damit umgingen sie die Identifizierung mit der Elterngeneration und inszenierten stattdessen einen genealogischen Bruch mit derselben. Es ist jedoch anzumerken, dass dieser Bruch vor allem auf gesellschaftlicher Ebene und nur bedingt innerhalb der jeweiligen Familien stattfand. So haben Harald Welzer et al. in ihren Untersuchungen zeigen können, dass im Familiengedächtnis eher ein positives, nahezu unschuldiges Bild der Eltern bzw. Großeltern und ihres Verhaltens zur Zeit des ‚Dritten Reiches' aufrechterhalten wird. Sogar in Fällen, in denen die (Groß-)Eltern offen oder zumindest andeutungsweise über begangene Kriegsverbrechen reden, werden diese häufig von den Nachfolgegenerationen marginalisiert oder verschwiegen, wohingegen die tradierten ‚positiven' Beispiele hervorgehoben werden. Katrin Himmler, eine Enkelin einer der Brüder Heinrich Himmlers, arbeitet in ihrem Buch *Die Brüder Himmler. Eine deutsche Familiengeschichte* sehr deutlich heraus, wie die in der Familie tradierten Erinnerungen zur Rolle der eigenen Familienmitglieder im ‚Dritten Reich' an der Realität scheitern. So weisen ihre Recherchen auf, wie stark die Einbindung der Geschwister Heinrich Himmlers in den Nationalsozialismus über Jahrzehnte hinweg unterschätzt wurde.[5]

5 Himmler, 2007, S. 11-28; Jureit, 2006, S. 118-120; vgl. Reiter, 2006, S. 19-

2.2 Die deutsche Literatur nach 1945

Eine neue (in den 1920er- und den frühen 1930er-Jahren geborene) junge Generation entwarf in der Gründungsurkunde der deutschen Nachkriegsliteratur und der Gruppe 47 (wichtigstes Forum unbekannter Autoren in der Nachkriegszeit), in der Zeitschrift *Der Ruf. Unabhängige Blätter für die junge Generation* (1946/47), zunächst das Phantasma einer herkunftslosen Generation. „Dieses Konstrukt einer jungen Generation [war] die Voraussetzung dafür, dass die Autoren ihr Selbstverständnis über eine Gleichzeitigkeit und Gemeinsamkeit mit anderen nicht-deutschen Gruppen [definieren konnten], anstatt sich mit ihrer Stellung in der jüngsten Vergangenheit auseinander[setzen zu müssen]."[6] So offenbarten die Autoren in dem von Alfred Andersch autorisierten Programmartikel *Das junge Europa formt sein Gesicht* ihre Hoffnung auf ein gemeinsames Streben von alliierten Soldaten, Widerstandskämpfern und deutschen Frontsoldaten, von politischen KZ-Häftlingen und ehemaligen Mitgliedern der Hitlerjugend. Unerwähnt blieb dabei jedoch die Gruppe der überlebenden Juden und der Emigranten, deren Schicksale nicht mit dem Selbstbild dieser jungen Generation vereinbar waren. Die Schuld an den im ‚Dritten Reich' begangenen Verbrechen wurde der älteren Generation angelastet, sodass die junge Generation, der beispielsweise auch ein Teil der deutschen Soldaten angehörte, keine Verantwortung zu übernehmen hatte.[7]

Wie bereits erwähnt, fand eine intensivere Aufarbeitung der nationalsozialistischen Vergangenheit erst mit der 68er-Generation, den ehemaligen Kriegs- bzw. Nachkriegskindern, statt. Ihre Auseinandersetzung mit der Schuldfrage der Elterngeneration spiegelte sich unter anderem in der sogenannten Väterliteratur der 1970er- und 1980er-Jahre wider. Diese profitierte jedoch nicht nur von der Politisierung der 68er-Generation, sondern auch von der ‚Neuen Subjektivität' bzw. der Tendenzwende der 1970er-Jahre, die für die Zuwendung der Schriftsteller zu persönlichen und vermeintlich authentischen Geschichten einzelner Personen steht. Im Vordergrund der zur ‚Väterliteratur' gehörenden Erzählungen steht ein duales Generationenmodell, in welchem der jeweilige Sohn bzw. die jeweilige Tochter mit dem Vater in Konflikt steht und nun – auf der lite-

---

22; Weigel, 2006, S. 97; Welzer, 2005, S. 7–17.

6 Weigel, 2006, S. 98.

7 Spooren, 2001, S. 9 f.; vgl. Weigel, 2006, S. 97–100.

rarischen Ebene - auch innerhalb der Familie einen generationellen Bruch formuliert. Dabei setzt sich das fiktive oder auch autobiografische ‚Ich' der Erzählungen meist mit der Rolle des Vaters im Nationalsozialismus auseinander. Private Erinnerungen werden dabei aus der Wissensperspektive der 1970er- und 1980er-Jahre heraus wiedergegeben, was zur Folge hat, dass die Vergangenheit des Vaters wie im gesellschaftlichen Diskurs meist als Tätergeschichte interpretiert wird. Das erzählende ‚Ich' reagiert darauf meist mit der Ablehnung des Vaters, woraus es schließlich seine eigene Identität abzuleiten versucht. Dieser Wille zur Abgrenzung steht jedoch häufig im Kontrast zu dem latent wahrnehmbaren Wunsch einer Annäherung an den Vater. Die ‚Väterliteratur' ist also nicht nur von literarischer und gesellschaftspolitischer Bedeutung, sondern besitzt innerhalb der Autobiografien auch eine Art therapeutische Funktion. [8]

Die ‚Väterliteratur' wurde in geringem Maße auch noch in den 1990er-Jahren verfasst, doch gewannen zu dieser Zeit bereits die sogenannten Familienromane zunehmend an Bedeutung. Diese werden ebenfalls aus der Perspektive eines fiktiven oder autobiografischen ‚Ichs' geschrieben und verbinden private und offizielle bzw. gesellschaftliche Erinnerungen der Deutschen miteinander. Im Gegensatz zur ‚Väterliteratur' stehen die ‚Familienromane' jedoch statt im Zeichen des Bruches und der Abgrenzung im Zeichen der Kontinuität. Das erzählende ‚Ich' will die Eltern- und/oder Großelterngeneration kennenlernen und verstehen, um so seine eigene Identität in den Familienzusammenhang integrieren zu können. Die in diesem Zusammenhang erzählte Zeit bezieht sich nicht mehr nur auf zwei Generationen, sondern umfasst meist drei oder mehr. Dabei wird häufig auf ein weites Spektrum an familiären und historischen Quellen zurückgegriffen, sodass der Familienroman als hybride Gattung bezeichnet werden kann, in der die Grenzen von Fiktion und Dokumentation unterlaufen werden. Als Beispiel kann hier Wibke Bruhns *Meines Vaters Land. Geschichte einer deutschen Familie* genannt werden. Mithilfe von Erinnerungen, Tagebucheinträgen, Briefen, Fotos und wissenschaftlichen Quellen zeichnet sie die Geschichte ihrer Familie nach, wobei sich ihr Hauptaugenmerk auf ihren Vater Hans Georg Klammroth richtet. Bruhns Vater zeichnete sich sowohl durch seine Parteimitgliedschaft und streng verfolgte

8 Assmann, Generationsidentitäten, 2006, S. 24-28; vgl. Mauelshagen, 1995, S. 11-30,76-84; Spooren, 2001, S. 10 f.; Weigel, 2006, S. 100 f.

Militärkarriere als auch durch seine Kontakte zu den Hitler-Attentätern des 20. Juli aus. Eine eindeutige Zuordnung zu Opfer oder Täter ist somit nicht möglich, aber auch wohl nicht gewollt.[9]

9 Assmann, Generationsidentitäten, 2006, S. 24–28; vgl. Bruhns, 2006; Weigel, 2006, S. 92 f.; Mauelshagen, 1995, S. 11–14.

3. Formen der Erinnerung

3.1 Merkmale des autobiografischen Erinnerns

Die in dieser Arbeit behandelten und der ‚Väterliteratur' zugehörigen Erzählungen werden vor allem aus der Perspektive eines autobiografischen ‚Ichs' erzählt. Neben den autobiografischen Bezügen und einigen - wie sich noch zeigen wird - fiktiven Merkmalen werden jedoch auch biografische Elemente erkennbar. Der Sohn oder die Tochter setzt sich mit der Figur des Vaters und damit auch mit dessen (Teil-)Biografie auseinander. Dafür bedient er oder sie sich der eigenen Erinnerung, fremder Erzählungen, verschiedener Erinnerungsmedien (z. B. Tagebuch) und gegebenenfalls auch der Erinnerungen des Vaters. Da die Autoren jedoch meist sich selbst als Individuum samt dessen Beziehungsverflechtungen in den Mittelpunkt ihrer Reflexionen stellen und die Geschichte des Vaters immer wieder mit der eigenen Lebensgeschichte in Verbindung setzen, soll die ‚Väterliteratur' nun vornehmlich in ihrer Funktion als Autobiografie betrachtet werden.[10]

Autobiografien sind literarische Darstellungen des eigenen Lebens, dessen erzählte ‚Wahrheiten' einer subjektiven Wahrnehmung entstammen. Persönliche Erinnerungen werden dabei reflektiert und selektiert gespeichert und einer größeren Öffentlichkeit zugänglich gemacht. Um die privaten und persönlichen Inhalte jedoch auch einem Leser verständlich machen zu können, greift der Verfasser meist auf allgemeine kulturspezifische Ordnungsprinzipien zurück, die das Erzählte gestalten. So bestehen nach Bruner beispielsweise häufig festgelegte Zeitstrukturen, die das Erzählte in Anfänge, Mittelteile und Enden gliedern.[11] Im autobiografischen Erzählen bestimmen die verwendeten Erzählstrukturen jedoch nicht nur die Gestaltung des Textes. Sie beeinflussen außerdem, was und wie detailliert erinnert wird.

Die Zahl autobiografischer Texte nahm in den 1960er- und 1970er-Jahren bemerkenswert zu. Sie - darunter die (auto-)biografische ‚Väterliteratur' - unterschieden sich jedoch meist von den traditionellen und klassischen Mustern früherer Autobiografien. So werden als

10 Vgl. Kenkel, 1993, S. 168.

11 Bruner, 1998, S. 52-75; vgl. Fuchs-Heinritz, 2005, S. 25; Dittmar, 2004, S. 15 f., von Wilpert, 1989, S. 66 f.

Motivation keine Rechtfertigungs- oder didaktische Interessen mehr formuliert. Als wichtigster Beweggrund gilt nun das Verfolgen einer Authentizität, die im Denken der 1970er-Jahre jedoch außerhalb gesellschaftlicher, literaturwissenschaftlicher und sprachlicher Normen liegt. Dazu nutzt der Verfasser beispielsweise auch Elemente des Tagebuchs und des Briefes. In den Texten der 1970er-Jahre werden außerdem häufig individuelle Beschädigungen und Unfreiheiten aufgezeigt, ohne diese zum Ende hin aufzulösen. Des Weiteren findet eine Persönlichkeitsentwicklung sowie eine Änderung der gesellschaftlichen Verhältnisse nicht mehr statt, sodass der dargelegte Konflikt zwischen Individuum und Gesellschaft bestehen bleibt. Es wird auch keine geschlossene Lebensgeschichte erzählt, stattdessen werden Momentaufnahmen, Erinnerungspassagen, Fragmente und ergebnislose Reflexionen beschrieben, die das erzählende ‚Ich' im Unfertigen und Suchenden verharren lassen. Gleichzeitig schöpft der Verfasser jedoch daraus seine moralische Identität, die er der Elterngeneration gegenüberstellt.[12]

Die Inhalte autobiografischer Erzählungen sind von der (fehlenden) Verlässlichkeit des Erinnerten abhängig. Erinnern erfolgt selektiv und variiert in seiner Detailliertheit. Ist die Bewertung des Geschehenen außerdem schon zum zeitgenössischen Zeitpunkt subjektiv gewesen, so unterliegt sie in der jeweiligen Gegenwart neuen Interpretationen, die sich sowohl dem gegenwärtigen Selbst- und Gesellschaftsbild als auch dem historischen Bewusstseins des Verfassers anpassen. Die jeweiligen Lebensumstände können des Weiteren sogenannte Assoziationsketten auslösen, die eigentlich in Vergessenheit Geratenes wieder in Erinnerung zu rufen vermögen. Außerdem können neu erworbenes Wissen, Erzählungen anderer, falsche Erinnerungen oder gar Fantasien das Erinnern beeinflussen. So ist es durchaus möglich, dass Erinnerungen mit neu erworbenem oder gar falschem Inhalt gefüllt oder ergänzt werden.[13]

Doch Autobiografien sind nicht nur vom Erinnern abhängig, sondern erfolgen auch aus dessen selektiver Darstellung. Der Verfasser kann beispielsweise persönliches Interesse daran haben oder eine thematische Notwendigkeit darin sehen, bestimmte Ereignisse nicht niederzuschreiben. Außerdem kann er sich „mit vagen, undurchsichtigen, in sich inkonsistenten, widersprüchlichen und doch für

---

12 Kenneth, 1998, S. 200 f.; vgl. Mauelshagen, 1995, S. 90–93.

13 Assmann, Erinnerungsräume, 2006, S. 266–273; vgl. Rosenthal, 1995, S. 70–87; Straub, 1998, S. 81–85.

[ihn] nachvollziehbaren Erinnerungen begnügen, während die interaktionellen Anforderungen an eine Erzählung die Auflösung von Vagheiten und Widersprüchen oder aber deren Erklärung notwendig machen."[14] Dafür können fragmentarische Erinnerungen zusammengefasst, in einen Argumentationszusammenhang gebracht oder durch Fremderzählungen ergänzt werden. Bei näherer Betrachtung können jedoch einige der Erinnerungsbrüche sichtbar werden, sodass der Erzählprozess den Leser durchaus auch zur Suche und Rekonstruktion weiterer Erinnerungsteile anregen kann. [15]

Literatur - hier die Autobiografie - kann also als ein Medium des kulturellen und kommunikativen Gedächtnisses angesehen werden.[16] Sie wird außerdem gleichermaßen in Räumen verortet, wie in ihr auch Räume und Orte - beispielsweise der Erinnerung - dargestellt und entworfen werden.

3.2 Aspekte von Erinnerung und Gedächtnis

Seit Ende der 1980er-Jahre ist in den Kultur- und Geisteswissenschaften ein verstärktes Interesse an den Phänomenen Erinnerung und Gedächtnis zu beobachten. Mittlerweile ist die Beschäftigung mit dieser Thematik zu einem gesamtkulturellen, interdisziplinären und internationalen Phänomen geworden. Aufgabe der Gedächtnisforschung ist es, die sozialen und politischen (Wandlungs-)Prozesse erklärbar zu machen.[17] Die Definition des kollektiven Gedächtnisses ist angesichts der Heterogenität von Gedächtniskonzepten schwierig und umstritten. Einflussreiche Studien zum Thema Gedächtnis stammen von Maurice Halbwachs, Aby Warburg, Pierre Nora und Harald Welzer, um nur einige renommierte Forscher zu nennen.[18]

Von Interesse ist hier der französische Soziologe Maurice Halbwachs, ein Schüler Henri Bergsons und Émile Durkheims, der als Vordenker der neueren kulturwissenschaftlichen Gedächtnisforschung gilt. Angesichts seiner Schriften zum kollektiven Gedächtnis sind ihm wichtige Erkenntnisse in der Gedächtnisforschung zu verdanken. Halbwachs zufolge ist das kollektive Gedächtnis nicht als ein rein individuelles Phänomen zu verstehen, sondern sozial be-

14 Rosenthal, 1995, S. 87.

15 Ebd., S. 87–92.

16 Erll, 2005, S. 169.

17 Erll, 2003, S. 156.

18 Erll, 2005, S. 5.

dingt. Für Halbwachs bilden die Individuen durch regelmäßige Interaktion und Kommunikation den sozialen Rahmen. Die Teilhabe an einer sozialen Gruppe und die im kollektiven Verhalten wirksamen Faktoren wie Sprache, Sitten und Gedächtnis ermöglichen das bruchlose Abrufen gemeinsamer Erfahrungen und Erinnerungen. Halbwachs spricht in diesem Zusammenhang von ‚Erinnerungsmilieus' und von ‚Gruppengedächtnissen'. Zugleich betont er den komplementären Charakter von Erinnerungen und Gruppe.[19] Auch die Familie hat - wie jede andere soziale Gruppe - ein Gedächtnis, das ebenfalls durch Nähe, Kommunikation und Interaktion der einzelnen Familienmitglieder entsteht.[20]

Bedeutsam für die heutige Gedächtnisforschung sind auch die Untersuchungen von Jan und Aleida Assmann in den 1980er- und 1990er-Jahren, die auf Halbwachs' Überlegungen aufbauen. Allerdings gehen sie einen entscheidenden Schritt weiter und differenzieren das kollektive Gedächtnis in ein kommunikatives und ein kulturelles Gedächtnis. Diese Unterscheidung begründet Jan Assmann mit der Divergenz von Inhalt, Formen, Medien, Zeitstruktur und Träger der beiden Gedächtnisrahmen. Die unterschiedlichen Merkmale hat Jan Assmann wie folgt dargestellt:

	Kommunikatives Gedächtnis	Kulturelles Gedächtnis
Inhalt	Geschichtserfahrungen im Rahmen individueller Biografien	mythische Urgeschichte, Ereignisse in einer absoluten Vergangenheit
Formen	informell, wenig geformt, naturwüchsig, entstehend durch Interaktion, Alltag	gestiftet, hoher Grad an Geformtheit, zeremonielle Kommunikation, Fest
Medien	lebendige Erinnerung in organischen Gedächtnissen, Erfahrungen und Hörensagen	feste Objektivationen, traditionelle symbolische Kodierung/Inszenierung in Wort, Bild, Tanz usw.
Zeitstruktur	80–100 Jahre, mit der Vergangenheit mitwandernder Zeithorizont von 3–4 Generationen	absolute Vergangenheit einer mythischen Urzeit
Träger	unspezifisch, Zeitzeugen einer Erinnerungsgemeinschaft	spezialisierte Traditionsträger

Tab. 1: Das kommunikative und das kulturelle Gedächtnis (Assmann, 1992, S. 56).

19 Assmann, Erinnerungsräume, 2006, S. 131.

20 Erll, 2003, S. 158–161.

Dennoch ist für die deutsche Gedächtnisforschung eine klare Grenzziehung zwischen dem kommunikativen und dem kulturellen Gedächtnis nicht unproblematisch. So kann man beispielsweise im Blick auf die Oral History, die Jan Assmann dem kommunikativen Gedächtnis zuordnet, nach dem Grad der Durchlässigkeit der beiden Gedächtnisrahmen fragen. Denn während nach 1945 die Erinnerung noch stark von der Nachkriegsgesellschaft und somit vom kommunikativen Gedächtnis bestimmt wurde, beeinflussen zunehmend institutionalisierte Quellen wie Medien, Filme und öffentliche Diskurse den sozial geprägten Erinnerungsprozess. Demzufolge können die Grenzen zwischen dem kommunikativen und dem kulturellen Gedächtnis - zumindest teilweise - fließend sein. Offen bleibt dabei die Frage, ob oder inwieweit die hier behandelten (Auto-)Biografien Zeugnis eines kulturellen Gedächtnisses abgeben.[21]

Seit der antiken Mnemotechnik weisen Gedächtnis und Raum eine feste Verbindung auf, wobei Speichern und Erinnern den Raum auffüllen können. Aleida Assmann kommentiert dieses Phänomen wie folgt:

> „Der Kern der *ars memorativa* besteht aus imagines, der Kodifizierung von Gedächtnisinhalten in prägnanten Bildformeln, und loci, der Zuordnung dieser Bilder zu spezifischen Orten eines strukturierten Raumes. [...] Wo der Raum strukturiert und geordnet ist, haben wir es mit Medien, Metaphern und Modellen des Speicherns zu tun. Wo der Raum hingegen als ungeordnet, unübersichtlich und unzugänglich dargestellt wird, können wir von Metaphern und Modellen des Erinnerns sprechen. Dieser Schritt von einer Raummetaphorik der Gedächtniskunst zu einer Raummetaphorik der Erinnerungskraft vollzieht sich in der (Re-)Konstruktion der Erinnerungsarbeit."[22]

---

[21] Assmann, 1992, S. 48 f.; vgl. Erll, S. 28, 112 f.; Reiter, 2006, S. 17.

[22] Assmann, Erinnerungsräume, 2006, S. 158-162.

4. Vorstellungen von Raum: Ansätze und Begriffe

4.1 Raumtheorien

Angesichts des sozialen Wandels Ende des 20. Jahrhunderts scheint die Beschäftigung mit Raum in den sozial- und kulturwissenschaftlichen Disziplinen eine Renaissance zu erleben. Die Wende zum ‚spatial turn', die allerdings auch kontrovers diskutiert wird, nahm in den 1980er-Jahren ihren Ausgangspunkt und richtet sich nach dem raumgeprägten Selbstverständnis der Postmoderne. Nach 1945 gerieten die geopolitischen Ansätze zunehmend in Kritik, sodass die Sozialwissenschaften die Raumkategorie der Zeitkategorie untergeordnet haben. Die nationalsozialistische Zeit und die ideologische Ausrichtung des NS-Regimes auf die ‚Eroberung von Lebensraum im Osten' dürften den Paradigmenwechsel in der Nachkriegszeit erklären.[23]

Wichtige Entwicklungslinien der Raumtheorie, die auch wegweisend sind für die Literatur- und Kulturwissenschaften, werden hier kurz vorgestellt. Zunächst wird die absolutistische Raumtheorie behandelt, deren Vertreter davon ausgehen, dass Raum unabhängig vom Körper (Handeln) existiert. Charakteristika des Raums sind hier Kontinuität und Homogenität, und somit erscheint der Raum unbeweglich. Demgegenüber betrachten die relativistischen Raumtheoretiker Raum als eine Anordnung von Körpern (Handeln), die sich immer in Bewegung befinden. Dies bedeutet, dass auch die Räume einem permanenten Wandel unterliegen.[24]

Für die Erforschung des Raums sind die Studien des Soziologen Pierre Bourdieu, der zu den Vertretern des Relationalen zählt, von zentraler Bedeutung. Bourdieu, der sich wie Giddens mit der engen Verzahnung von Struktur und Handeln beschäftigt hat, betrachtet den sozialen Raum als einen Raum der sozialen Beziehungen, wobei der Habitus der handelnden Menschen ähnlich oder unterschiedlich sein kann. Diese Bedingungen ziehen eine permanente Bewegung nach sich. Dennoch stellt der soziale Raum für Bourdieu nur eine abstrakte Form dar. Als Erklärungsmuster dient die Annahme, dass

23 Bachmann-Medick, 2006, S. 284–300; vgl. Knox & Marston, 2001, S. 40 ff.; Lippuner/Lossau, 2004, S. 47–61.

24 Löw, 2001, S. 17-19, 130 f.

es mit dem Begriff des sozialen Raums nur metaphorisch möglich sei, gesellschaftliche Raumkonzepte zu konstituieren. Deshalb unterscheidet er zwischen dem sozialen Raum und dem angeeigneten physischen Raum: Während der soziale (relationale) Raum also nur metaphorisch verstanden wird, um soziale Prozesse zu erklären, bezeichnet Bourdieu den angeeigneten physischen Raum als einen unbeweglichen Raum, in dem sich soziale Prozesse realisieren können. Mit anderen Worten, der angeeignete physische Raum wird durch die Anordnung der Güter, Dienstleistungen und der physischen Lokalisierung individueller Akteure und Gruppen relational. Konsequenterweise verpasse Bourdieu damit die Chance, so Löw, das Soziale und Räumliche auf ihre Wechselwirkungen hin zu untersuchen.[25]

Löw knüpft an relativistische Raumvorstellungen an und interpretiert „Raum als eine relationale (An)Ordnung von Menschen (Lebewesen) und sozialen Gütern, welche unaufhörlich in Bewegung sind, wodurch sich die (An)Ordnung selbst ständig verändert."[26] Für Löw existieren Raum und Körperwelt nicht unabhängig voneinander, sondern verknüpfen sich. Sowohl relationale Anordnung als auch Handlung weisen eine strukturierende Dimension auf. Da Handeln und Struktur sich gegenseitig bedingen, sei das Räumliche auch nicht vom Gesellschaftlichen zu trennen, so Löw.[27]

Neben dem Raum spielt der Ort bei der Untersuchung gesellschaftlicher (räumlicher) Strukturen bzw. Prozesse eine wichtige Rolle. Certeau unterscheidet dabei ähnlich wie Löw zwischen Ort und Raum. Während der Raum ein Geflecht von beweglichen Elementen (Handlungen) ist bzw. durch die Verbindung von Richtungsvektoren, Geschwindigkeitsgrößen und Zeitvariabilität entstehen kann, steht der Ort für Ordnung, Eindeutigkeit und Stabilität. Raum ist dementsprechend ein Ort, in welchem sich Handlung vollzieht. So wird beispielsweise eine geografisch festgesetzte Straße (Ort) durch die Spaziergänger (Handeln) in einen Raum verwandelt.[28]

Diese Arbeit wird des Weiteren zeigen, dass sich an Orten Räume unterschiedlicher metaphorischer Bedeutung bilden können, so wie

---

25 Ebd., S. 180–183.

26 Ebd., S. 166.

27 Ebd., S. 131-135.

28 de Certeau, 2006, S. 345 f.; vgl. Sarkowsky, 2007, S. 40–42.

sich Räume gleicher metaphorischer Bedeutung an unterschiedlichen Orten befinden können.

Aus der Perspektive von Leuthold und Hermann sind Räume nicht zwingend an einen geografischen Ort gebunden. Demnach kann ein Raum auch durch Objekte gebildet werden, die in Relation zueinander stehen. In der Alltagssprache werden dazu auch soziale Phänomene in räumliche Metaphern gefasst. So wird beispielsweise die soziale Stellung einer Person mit Richtungsangaben wie ‚oben' und ‚unten' und deren politische Ausrichtungen durch Begrifflichkeiten wie ‚rechts' und ‚links' ausgedrückt. In der Forschungsarbeit kann so derartigen Gegebenheiten eine Struktur und Dimensionalität verliehen werden, durch welche eine Beschreibung der sozialen Welt ermöglicht und ein sogenannter metaphorischer Raum konstituiert werden kann. Dieser kann auch kartografisch dargestellt werden. So stellen Hermann und Leuthold zum Beispiel die ‚Lage und Häufigkeit der politischen Ziele im Raum der Weltanschauung' innerhalb einer horizontalen Achse dar, deren Enden mit ‚links' und ‚rechts' bezeichnet werden, und einer vertikalen Achse, die von ‚liberal' (oben) bis hin zu ‚konservativ' (unten) reicht. Eine derartige Darstellung ist jedoch stärker als die topografische Karte von subjektiver Wahrnehmung und Interpretation abhängig.[29]

4.2 Zur Begrifflichkeit der Topografie

Topografie bezeichnet zunächst nur die genaue Erfassung und Wiedergabe der Geländeverhältnisse.[30] Außerdem wird in der Geografie beispielsweise die kleinräumliche Lage einer Örtlichkeit auch topografische Lage genannt.[31] Dagegen hat der Begriff in der interdisziplinär angelegten Geografie und den Kulturwissenschaften noch eine erweiterte Bedeutung erfahren, sodass er beispielsweise nach Siegert „das Beschreiben von Orten, aber auch das Be-Schreiben in oder mit Orten [meint]. Orte sind sowohl Gegenstand als auch Medium topografischen Schreibens und Beschreibens."[32]

Nach Böhm stellen kulturelle Topografien einen semiotisch organisierten Raum dar, der orientierte Bewegungen von Menschen, Lebewesen und Dingen ermöglichen und beeinflussen kann. Diese

29 Hermann & Leuthold, 2000, S. 77–86.

30 Brockhaus, 2000, S. 914.

31 Leser, 2001, S. 894.

32 Siegert, 2005, S. 3.

Bewegungen zeichnen sich im Raum ab, sodass der Raum nicht nur den Rahmen für die in ihm stattfindenden Handlungen bildet, sondern in seiner Organisation wiederum durch diese beeinflusst wird. In Topografien wird außerdem etwas dargestellt, was meist erst in der Darstellung zum Vorschein kommen kann. Demzufolge haben Topografien sowohl eine repräsentierende als auch eine performative Funktion. Sie können beispielsweise in Form von Karten neben der geografischen Lage auch Narrative über mögliche Gefahren oder Ereignisse enthalten. Das Vermögen, Topografien in tatsächliche Bewegung umzusetzen, wird Richtungsräumlichkeit genannt. Diese nimmt ihren Ausgang an der menschlichen Körperlichkeit und an den symbolischen Zuschreibungen körperlicher Ausrichtungen wie beispielsweise ‚links, rechts, oben, unten' oder auch ‚hier und dort'.[33]

Kulturell semiotisiert oder auch medialisiert werden die Topografien unter anderem durch Karten, Bilder, Gitternetze, Beschreibungen und Erzählungen. Diese sollten folgendermaßen rezipiert werden können. Zunächst sollte sich der Leser ein räumliches Vorstellungsbild der (drei- bzw.) zweidimensional-grafischen oder sprachlichen Topografie machen können. Dieses sollte wiederum im Realraum wiedererkannt und schließlich in Richtungsräumlichkeit übersetzt werden können. Topografien als Raumordnungsverfahren zur Kultivierung von Chaos und Wildnis kann außerdem zur Gewinnung von Macht und Kontrolle genutzt werden. Des Weiteren besitzen sie, obgleich sie kulturelle Konstrukte sind, durch ihre starke Angebundenheit an einen Realraum immer ein gewisses Maß an Objektivität.[34]

Topografische Figuren sind in ihrer Schnittstelle zur Narration auch für die Literaturtheorie von Bedeutung. So zielen beispielsweise Hillis Millers Untersuchungen innerhalb des Bedeutungsspektrums der Topografie auf die Bedeutung von Landschaften, Orten und Räumen in der Literatur und Philosophie. Demnach werden unter anderem in der topografischen Literatur Bedeutungen in Räume oder auf Landschaften projiziert. Der Raum kann des Weiteren als Verfahren genutzt werden, personale oder kulturelle Entwicklung aufzuzei-

33 Böhme, 2005, S. XVIII f.; vgl. Urban, 2007, S. 81–82.

34 Böhme, 2005, S. XIX f.

gen, indem die Bewegung im Raum mit einer Bewegung in der Zeit verknüpft wird.[35]

Für die Literatur ist der Raum aus verschiedenen Gesichtspunkten von Bedeutung. Zunächst einmal sind hier die Räume der Literatur zu nennen. So entsteht Literatur in Räumen und bezieht sich auf diese, wie sie auch in Räumen gespeichert, gelesen und rezipiert wird. Im Gegensatz dazu sind mit den literarischen Räumen „die symbolischen und imaginären Schauplätze und Orte, die topologischen und topografischen Modelle und Semantiken gemeint, die in der Literatur dargestellt und entworfen werden."[36]

Diese Arbeit wird sich vor allem mit den literarischen Räumen beschäftigen, die in den hier behandelten (Auto-)Biografien jedoch größtenteils auch einen Bezug zu Realräumen aufweisen.

---

[35] Weigel, 2004, S. 238 f.

[36] Fulda, 2005, S. 262; vgl. Wenzel, 2005, S. 216; Mülder-Bach, 2005, S. 403.

5. (Auto-)Biografien im Spannungsfeld der Generationen

Zum Thema Erinnerung schreibt Bachmann-Medick: „Menschen lagern ihre Erinnerung nicht nur in Zeichen und Gegenstände aus, sondern auch in Orte, in Zimmer, Innenhöfe, Städte, öffentliche Plätze und Landschaften."[37] Diese zunächst statischen Orte sind somit häufig Ausgangs- und Endpunkt von Erinnerungen. Ihre Relevanz und Gewichtung erhalten sie jedoch vor allem aus den mit den Orten verknüpften Handlungen und Bewegungen und somit aus dem Raum. Da Räume also weitreichendere gesellschaftliche Bedeutungen anzeigen als die jeweils isoliert betrachteten statischen Orte, konzentriere ich mich im Folgenden hauptsächlich auf die in den Erzählungen dargestellten Räume.

5.1 Christoph Meckels Suchbild. Über meinen Vater

5.1.1 Zum Untersuchungsgegenstand

Christoph Meckel, 1935 in Berlin geboren, ist ein deutscher Grafiker und Schriftsteller. Einige Jahre nach dem Tod des Vaters, dem Schriftsteller Eberhard Meckel (1907–1969), entdeckte er dessen Kriegstagebücher, was das in der Familie tradierte Bild eines im ‚Dritten Reich' schuldlos gebliebenen Vaters infrage stellte. Christoph Meckel begann sich mit der Figur seines Vaters näher auseinanderzusetzen und versuchte diese schließlich literarisch festzuhalten. Eigene Erinnerungen, reflektierte und reflektierende Kommentare, historisches Wissen, Fremderzählungen, Tagebuchinhalte und zitierte Tagebuchausschnitte formten so seine 1980 erstmals veröffentlichte Erzählung *Suchbild. Über meinen Vater*. Darin wird der Vater als elitär denkender Kulturidealist dargestellt, der sich zwar unpolitisch gibt und eine Parteimitgliedschaft stets vermeidet, sich aber dennoch vom Nationalsozialismus durch seinen Glauben an den ‚deutschen Geist' vereinnahmen lässt. Nach dem Krieg kehrt er in seinem Wesen verändert in seine Heimat zurück und versucht

37 Assmann, Erinnerungskultur, 2006, S. 217.

mithilfe von Autorität Anerkennung in einer Familie zu finden, der er fremd geworden ist.[38]

Meckels Werk ist durch einen Bruch gekennzeichnet, welcher sich aus einem Wechsel des Erzählerstandpunktes ergibt. Während der erste Teil des Buches retrospektiv aus der Kindesperspektive wiedergegeben wird und sich einer ‚erinnernd-konstruierenden' Schreibweise bedient, wird der zweite Teil von einer ‚erklärend-interpretierenden' Schreibweise bestimmt, die die Perspektive des jugendlichen Heranwachsenden abbildet.[39]

Das Werk enthält sowohl Elemente einer literarischen Fiktion als auch einer Biografie und Autobiografie. Das fiktive Element ergibt sich aus der Darstellungsweise und aus der Selektivität des Dargestellten. So reflektiert Christoph Meckel beispielsweise folgendermaßen über seine Erzählung:

> „Über einen Menschen schreiben bedeutet: das Tatsächliche seines Lebens zu vernichten um der Tatsächlichkeit einer Sprache willen. […] Ich habe nichts zur Person erfunden, aber ausgewählt und zusammengefasst (unmöglich, darzustellen ohne Bewertung). Ich habe Sätze gemacht, also: Sprache erfunden. Die Erfindung offenbart und verbirgt den Menschen."[40]

Erzählt wird die Lebensgeschichte Eberhard Meckels, sodass das biografische Element zunächst einmal als das dominierende erscheint. Anzumerken ist jedoch, dass nicht versucht wird, dem Leser einen allgemeinen Überblick über das Leben Eberhard Meckels zu bieten. Stattdessen werden vor allem die Teile seines Lebens wiedergegeben und reflektiert, die in einem Bezug zum Nationalsozialismus und zu seiner Familie stehen. Erzählt werden also die Aspekte seiner Lebensgeschichte, die für die Identitätsfindung seines Sohnes, Christoph Meckel, von zentraler Bedeutung sind. Die hier erstellte (Teil-)Biografie des Vaters ist somit eng mit der Autobiografie des Sohnes verknüpft. So schreibt Meckel:

> „Ich mußte mich lösen aus einer Biographie, die vermeintlich eigen oder zugänglich schien […]. Die alte Frage: wer

---

38 Kenkel, 1993, S. 172–175; Brockhaus, 2. Bd., 2000, S. 383; vgl. Mauelshagen, 1995, 217–219; Meckel, 2005, S. 179–181; Schnell, 1993, S. 472–475.

39 Schnell, 1993, S. 474 f.

40 Meckel, 2005, S. 74.

bin ich, wo komme ich her, mußte noch mal gestellt und beantwortet werden, folgerichtig und radikal."[41]

So wird zwar hauptsächlich über die Vaterfigur berichtet, doch bleibt Christoph Meckel als Erzähler immer präsent. Häufiger taucht beispielsweise die Wortkombination *mein Vater* auf. Außerdem werden einige der Reflexionen und die Erinnerungen an die eigene Kindheit und Jugend (vor allem im zweiten Teil) mithilfe eines Ich-Erzählers wiedergegeben, der in dieser vornehmlich (subjektiven) faktualen Erzählung der Person des Autors entspricht. Nicht ohne Grund beginnt Christoph Meckel außerdem die Erzählung als Ich-Erzähler mit einer Erinnerung an seine eigene Kindheit in Berlin und geht erst danach zur Biografie seines Vaters über.[42]

Doch welche Rolle spielen Orte und Räume bei der Erinnerungsarbeit, der Darstellung der (auto-)biografischen Wiedergaben und der Auswahl des Dargestellten?

5.1.2 Geografisch gebundene Räume

a) Die Bedeutung von Heimat und Natur

Die Vorstellungen, die Eberhard Meckel von Heimat und Natur besaß, beeinflussten wesentlich sein nationales Selbstverständnis und seine Art, dem Leben zu begegnen.[43] So kann ein Erzählen über den Vater auch nur unter Einbezug dieser beiden Elemente erfolgen.

Nach nur wenigen Seiten widmet sich Christoph Meckel daher bereits der Heimat des Vaters, der Landschaft Badens zwischen Karlsruhe und Basel. Die Beschreibung erfolgt als Aneinanderreihung gesammelter Informationen und zeigt vornehmlich feststehende natürliche und von Menschen geschaffene Strukturen und Objekte auf, die das oben genannte geografische Umfeld bestimmen. Indem Christoph Meckel jedoch ein derartiges ordnendes und sammelndes Erzählverfahren[44] wählt, verweist er gleichzeitig neben der inhaltlich vermittelten Heimatverbundenheit auf eine weitere auffällige Charaktereigenschaft seines Vaters, auf die von ihm in den Seiten

---

41 Ebd., S. 179.

42 Ebd., S. 7, 55–74, 140–150; vgl. Mauelshagen, 1995, S. 111; Stanzel, 1993, S. 16 f.

43 Vgl. Mauelshagen, 1995, S. 218.

44 Dieses Erzählverfahren ist vor allem im ersten Teil des Werkes zu finden, in welchem Meckel versucht, die von ihm als Kind noch nicht reflektierbare Perspektive des Vaters in den Vordergrund zu stellen.

zuvor erwähnte Sammel- und Ordnungsleidenschaft. Die Herkunft des Vaters beschreibt Meckel daher folgendermaßen:

> „Sie umfaßt den südlichen und nördlichen Schwarzwald, die Hochflächen der Baar nach Schwaben zu, das östliche Elsaß [...] Flußland, Gartenland, Weinland und Mittelgebirge [...] Äpfel, Mostäpfel, Birnen, Pflaumen [...] Gymnasien, Universitäten, Botanische Gärten [...] Freiburg, Hauptstadt des Schwarzwalds, Landeshauptstadt Südbadens, tausendjährig, mittelstädtisch. [...]"[45]

Dass diese Lokalität jedoch nicht nur einen Ort, sondern auch einen sozialen Raum darstellt, in welchem Handlungen stattfinden und Weltbilder tradiert werden, wird sowohl anhand dieses Abschnitts als auch anhand weiterer Textteile sichtbar. Dies vollzieht sich vor allem auf eine indirekte Art und Weise, indem in der Rezeption den bezeichneten Objekten gesellschaftliche Auswirkungen und Funktionen zugeordnet werden können. So kann beispielsweise die Universität unter anderem als Raum der Wissenstradierung und -produktion oder auch als Raum sozialer Netzwerkbildung angesehen werden. Neben dieser Rezeptionsleistung des Lesers provoziert Christoph Meckel aber auch gewisse Zuordnungen, indem er seiner Auflistung Wertungen und Charakterbeschreibungen der badischen Bevölkerung, der auch sein Vater zugehörte, zufügt:

> „Es gibt [...] einen chronischen [...] Chauvinismus gegen Plattdeutsche, Franzosen, Burmesen, Kinder, Studenten [...] Neger, Russen und Hergelaufene (der Chauvinismus hält sich in Grenzen, sofern die Genannten lokalen Boden nicht betreten). Es gibt das breitärschig-selbstgerechte Heimatgefühl mit Männerchören [...] und Blaskapellen."[46]

Den Raum bestimmende Handlungen und Bewegungen (in Ort und Zeit) werden aber auch direkt angesprochen, indem beispielsweise erfolgte Fremdeinflüsse in der Geschichte des Landes oder das Exportieren von Wein genannt werden.[47]

Im Folgenden soll darauf eingegangen werden, inwiefern die Vorstellungen von Heimat und Natur Einfluss auf das Leben Eberhard Meckels und dessen Umfeld hatten.

---

45 Meckel, 2005, S. 10-15.

46 Ebd., S. 13.

47 Ebd., S. 10–14; vgl. Schneider, 1998, S. 226 f.; Schnell, 1993, S. 475.

Wie bereits erwähnt, beginnt Christoph Meckel seine Erzählung mit einem kurzen Abschnitt, in welchem er seine Erinnerung an eine Autofahrt mit seinem Vater in Berlin schildert. Beschrieben wird dabei ein verbindendes Gefühl, ein durch den Vater vermitteltes Gefühl der Sicherheit. Im Kontext des ganzen Buches wird jedoch auch das trennende Moment deutlich. So liegen die Wurzeln Christoph Meckels in Berlin, während Eberhard Meckels Heimat Freiburg und die Landschaft Badens ist. Gleich zu Beginn gelingt es Christoph Meckel also darzustellen, wie Nähe und Ferne (und die Suche danach) das Verhältnis zum Vater bestimmen. Die Natur ist für den Vater von hoher Bedeutung. In ihr findet er Trost, Glück und Zufriedenheit und mit ihrer Hilfe entzieht er sich dem Alltag und damit immer wieder auch seiner Familie. Gleichzeitig bildet die Natur jedoch auch ein verbindendes Moment. So ruft sie in ihm ein offeneres und zufriedeneres Wesen hervor, das beispielsweise dem Sohn, Christoph Meckel, eine Annäherung, ein Verstehen ermöglicht. Folgendes berichtet dieser von einem der regelmäßig stattfindenden Familienausflüge in die Natur, von einem gemeinsamen Erlebnis mit seinem Vater:

> „Es war schön, mit ihm durch seine Landschaft zu gehen. […] Die chronische Nervenanspannung fiel von ihm ab. Was Glück in ihm war, kam offen in seine Augen und teilte sich schwerelos mit. Jahreszeit und Landschaft des Schwarzwalds waren sein Besitz.“[48]

Die Annäherung an den Vater wird deutlich, wobei die Bezeichnungen der Landschaft als *seine Landschaft* und als *sein Besitz* wiederum anzeigen, dass sich Vater und Sohn - so zumindest die Sicht Christoph Meckels - zwar am selben Ort befinden, dem Raum jedoch verschiedene metaphorische Bedeutungen zuordnen. Physisch bewegen sie sich damit zwar im selben Raum, schaffen jedoch, indem sie ihre Motivation, ihre Handlung und ihr Ziel jeweils unterschiedlich ausrichten, metaphorisch zwei verschiedene Räume. So versucht der Sohn - zumindest in der Retrospektive - mithilfe der Landschaft eine Annäherung an seinen Vater zu erreichen, während der Vater sich selbst und Zufriedenheit finden will.[49]

Heimat und Natur sind auch für den Soldaten Eberhard Meckel von Bedeutung. Er findet Halt in den Erinnerungen an seine Heimat.

---

48 Meckel, 2005, S. 157.

49 Vgl. ebd., S. 7–17, 157–163; Lobsien, 1981, S. 1 f.

Neben Örtlichkeiten, die Ähnlichkeiten zu Landschaften oder Architekturen des badischen Landes aufweisen, bietet ihm auch die Schönheit der Natur häufig eine willkommene mentale oder auch physische Rückzugsmöglichkeit aus dem soldatischen Gemeinschaftsleben.[50] Entfernung zur Heimat oder auch eintönige Wüstenpanoramen während der Gefangenschaft wirken sich wiederum negativ auf die Stimmung des Vaters aus.[51] Nach seiner Rückkehr aus französischer Kriegsgefangenschaft sucht er das Vertraute und begibt sich daher mit seiner Familie wieder in seine Heimatstadt Freiburg, von der aus er 1929 nach Berlin gezogen war.[52]

Heimat, in diesem Fall Freiburg und die Landschaft Badens und in den meisten Fällen auch die Natur, bietet Eberhard Meckel also einen Raum des Trostes, des Glückes und der Zuflucht. Mithilfe dieser Räume kann sich sein Sohn ihm nähern, ohne ihn jedoch vollkommen zu erreichen.

b) Kriegsschauplätze

1940 wird Eberhard Meckel als Soldat eingezogen, kommt als Schütze in die Kaserne von Strausberg, gelangt als Gefreiter nach Lodz, erlangt nach drei Dienstjahren den Rang eines Leutnants und wird innerhalb der darauf folgenden Monate in verschiedenen Orten Osteuropas (Warschau, Wilna, Witebsk, Brest-Litowsk, Minsk, Kutno, Orel) stationiert:

---

50 Meckel, 2005, S. 60–72.

51 Ebd., S. 76.

52 Ebd., S. 23, 99 f.

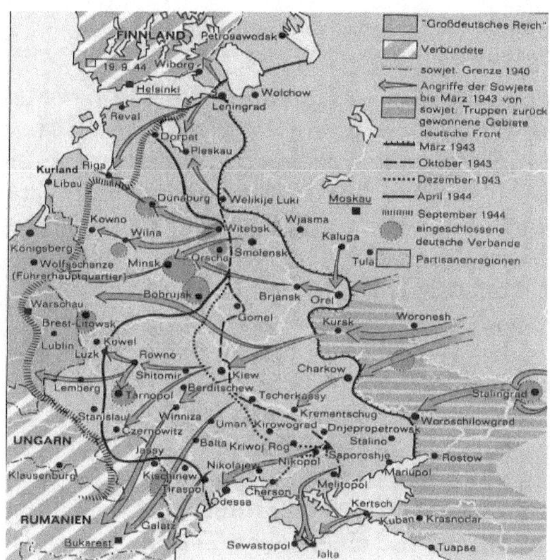

Abb. 1: Der Krieg im Osten 1943/1944 (Kinder & Hilgemann, 2001, S. 490).

Er befindet sich stets in der Etappe und ist somit entfernt von der Front. Nur langsam gewöhnt er sich an das Leben im Militär, aber der Glaube an ‚Disziplin', ‚Autorität', ‚Vaterland', ‚Kameradschaft' und die ‚deutsche Idee' erlauben es ihm, sich im militärischen Alltag zurechtzufinden:

> „Täglicher Drill setzte den Geist- und Elitemenschen zum gewöhnlichen Befehlsempfänger herab. Die Gleichförmigkeit des Geschliffenwerdens zermürbte den Willen und machte depressiv. Ödigkeit jahrelangen Wacheschiebens. Division- und Kasernewache, Depotbewachung, Wache an Wehrmachtsstadien und Bahngelände […] Soldatsein hieß funktionieren, er funktionierte […] da wäre er lieber an der Front gewesen. Die Zeit verging mit Militärroutine. Polen hieß Langeweile und Stagnation […]. Man lebte in halbwegs deutscher Umgebung […]. Man frequentierte Theater und Restaurants, Casinos, Fußballplätze, Revue und Film […]. Armenviertel und Ghettos polnischer Städte […] das war die Verkommenheit einer alten Zeit […]. Der Glaube an die Rechtmäßigkeit des Kriegs, das unbedingte Vertrauen in Au-

torität, das auf Prinzipien reduzierte Denken schmolz jede ambivalente Empfindung dahin."[53]

Die Gleichförmigkeit der beschriebenen Handlung des Wacheschiebens wirkt sich auch auf die Wahrnehmung der Orte aus. So lässt die angereihte Auflistung der verschiedenen Wachaufträge es gleichgültig erscheinen, ob die Wache an der Kaserne oder am Bahngelände durchgeführt wird. Ist Raum Handlung innerhalb eines Ortes, wirkt hier die Handlung - wenn auch zunächst eintönig - gewichtiger. Der Ort ist Stagnation, hier präsentiert durch Polen, die Handlung ist vornehmlich ‚deutsch'. Eine Abwechslung vom militärischen Alltag scheinen die deutschen Soldaten daher auch erst durch eine Umfunktionierung polnischer Orte in deutsche Kulturräume zu erhalten, die die Besatzung Polens durch Deutschland zu bekräftigen scheint. Eberhard Meckel selber sucht - wie gezeigt - nach Orten und Räumen, die Erinnerungen an die Heimat wachrufen. Doch der Großteil Polens samt seiner Einwohner bleibt ihm fremd und seine Verachtung für die einer ‚alten Zeit' angehörigen verarmten Viertel polnischer Städte entspricht seinem Glauben an die deutsche Vormachtstellung. Das Fremde nimmt er also in seiner geografischen und sozialräumlichen Abgrenzung zur eigenen Heimat wahr, dessen Wertigkeit über allem zu stehen scheint. Er lässt sich im Laufe der Jahre vom Militär assimilieren, sodass sich sogar seine Sprache dem niedrigen Niveau des Militärs anpasst. Er macht Karriere, gewinnt an Autorität, gelangt als Offizier erneut nach Lodz und schließlich 1944 als Oberleutnant auf die Insel Elba im Mittelmeerraum. Dort gerät er in französische Gefangenschaft und wird nach einigen Zwischenstationen in ein Gefangenenlager in Algerien gebracht. Die wechselnden militärischen Ränge Eberhard Meckels werden somit auch anhand wechselnder Lokalitäten repräsentiert. Die Orte, an denen er sich während des Krieges bis zur Gefangennahme befindet, erlebt er dabei in erster Linie als Räume militärischer Autoritätsfolge und nationalsozialistischer Ideologie.[54]

Nach einer anstrengenden Reise in stark aufgewärmten Waggons kommt Eberhard Meckel in den Baracken des Gefangenenlagers in Géryville an und empfindet dort etwas wie „HEIMAT" und „GEBORGENHEIT". Die Schreibweise in Kapitälchen deutet darauf hin, dass Christoph Meckel diese Ausdrücke wahrscheinlich den Tagbucheinträgen seines Vaters entnommen hat. Doch was bewegt zu solch ei-

53 Ebd., S. 60–64.

54 Vgl. ebd., S. 47–70.

nem Zeitpunkt seinen Vater dazu, den Begriff der Heimat auf ein Gefangenenlager zu übertragen? Vielleicht kann es folgendermaßen erklärt werden: So wie Heimat für ihn Trost, Glück und Zufriedenheit und gleichzeitig ein Ankommen bei sich selbst bedeutete, stellte das Gefangenenlager ebenfalls einen Trost, ein Ankommen dar. So bewirkte die dortige Ankunft eine Beendigung der Strapazen und Ungewissheiten des Gefangentransportes.[55]

Das Gefangenenlager in Géryville liegt im Atlasgebirge am Rande der Steinwüste und ist von extremen Naturbedingungen umgeben. So folgen im Sommer auf heiße Tagesstunden abgekühlte Nächte. Schlechte Ernährung, Krankheiten, Flöhe, eine ungewisse Zukunft, ein Mangel an Privatsphäre und Intrigen erschweren das (Über-)Leben im Lager zusätzlich. Eberhard Meckel sucht gleichermaßen Anschluss und Abgrenzung zu seinen Mitgefangenen. Sicherheit findet er schließlich in einer Gruppe Gleichgesinnter. Da - wie schon im Krieg - die extremen Lebensbedingungen für (nahezu) jedermann gelten, spielen Klassenunterschiede in dieser Gruppe keine Rolle mehr. Die Interessenlage der Gruppe scheint jedoch seinem Elitedenken der Vorkriegszeit zu entsprechen:

> „Mehr noch als während des Kriegs verloren Klassenunterschiede an Bedeutung, Juristen, Ärzte, Adelige und Künstler, Maurer, Zuschneider und Berufsoffiziere, Familienväter und Homosexuelle trafen sich in der gemeinsamen Energie für ein ANSTÄNDIGES ÜBERLEBEN. Während die Lagerstraße sich unter Wüstengewittern in Schlamm auflöste, im Nebenraum zu Heimatweisen geschunkelt wurde, hörte man klassische Musik [...] und nahm das EDLE DEUTSCHER KUNST zum Anlaß für stimmungsreiche Heroisierung der Lage."[56]

Während also außerhalb der Gebäude die Natur den Ort umformt, formen sich die gefangenen deutschen Soldaten innerhalb der Gebäude wiederum - zumindest temporär - einen Raum deutscher (Lied-)Kultur.[57]

---

55 Vgl. ebd., S. 71 f.

56 Ebd., S. 84.

57 Vgl. ebd., S. 70–84.

c) Haus und Raum

Häuser können jeweils den Ort für Räume unterschiedlicher Bedeutung bilden, wobei sich gleichzeitig verschiedene Räume innerhalb eines Hauses[58] befinden können.[59] Zunächst gehe ich der Frage nach, mit welchen Bedeutungen die Gebäude in Eberhard Meckels Leben und dessen Umfeld versehen sind und welcher Raum in ihnen gebildet wird. Dabei werden recht anschaulich die einzelnen Lebensstationen des Vaters und des heranwachsenden Sohnes wiedergegeben.

Die ersten erwähnten Wohnunterkünfte des Vaters beginnen mit seinem Umzug nach Berlin. Dort lebt er mit seiner Frau über Jahre hinweg in verschiedenen Wohnungen, wovon eine in einem literarischen Künstlerviertel gelegen ist. Hier zeigt sich auf der einen Seite die - später noch behandelte - hohe Bedeutung der Literatur in Eberhard Meckels Leben und auf der anderen Seite eine Form der Ungebundenheit, die mit den ersten Ehejahren verknüpft ist. 1937 baut er schließlich ein Haus:

> „Er kaufte ein billiges Grundstück im Osten Berlins und war stolz, in kurzer Zeit ein Haus nach eigenen Entwürfen errichtet zu haben. Es stand am Waldrand [...] war von Garten, Gras und Bäumen umgeben, gegenüber befand sich der Waldrand [...] ein Haus, in dem er alt werden wollte."[60]

Hier versucht Eberhard Meckel sich ein ‚Zuhause' aufzubauen, nach eigenen Entwürfen und umgeben von der ihm bedeutsamen Natur. In Anbetracht der Rolle, die Heimat und Natur für ihn spielen, ist dieses Haus wohl als Raum der Sicherheit konzipiert. Dagegen bildet das Nachbarhaus, wie man nach dem Krieg erfahren wird, einen Raum des Widerstandes, indem es als Versteck für die Frau Kurt Tucholskys dient.[61]

Mit Beginn seines militärischen Einzuges wird das Haus Ziel seines Heimaturlaubs, während er in den Kasernen den Kriegsalltag erlebt. Als Offizier in Lodz lebt er dahingegen im Haus deportierter Juden. Die Reaktion eines Freundes, der in seiner Verzweiflung das Ge-

58 Letzteres hat beispielsweise Pierre Bourdieu anschaulich anhand von ‚gendered spaces' in seinem Aufsatz *The Berber House* verdeutlichen können.

59 Vgl. Bourdieu, 2006, S. 131–141.

60 Meckel, 2005, S. 24 f.

61 Vgl. ebd., S. 23–25.

schirr der ehemaligen Bewohner an die Wand wirft, kann er nicht nachvollziehen. Meiner Meinung nach scheint es, als habe der Freund das Haus noch als ehemaligen Lebensraum der früheren Bewohner angesehen, während Eberhard Meckel bereits gelernt hat, darin nur einen leblosen Ort zu sehen, der zum deutschen Besatzungsraum geworden ist. Dagegen verhindert er auf der Insel Elba die Evakuierung der Häuser dort lebender Bauern und lässt ihnen somit ihren Lebensraum. Auf Elba gerät er schließlich verletzt in Gefangenschaft, wird in einem Lazarett notdürftig verarztet und daraufhin in ein Gefangenenlager nach Algerien gebracht. Er und seine Mitgefangenen befinden sich dort im Raum des Gegners, schaffen aber beispielsweise mithilfe von Literatur und Musik immer wieder Räume heimatlicher Kultur und damit Räume des Trostes und der Hoffnung.[62]

Mit Kriegsende wird sein Haus in Berlin von den Russen besetzt, sodass die Familie gezwungen ist umzusiedeln. Zunächst flieht sie in ein Dorf bei Freiburg, von dort schließlich nach Erfurt, wo sie im Haus der Großmutter unterkommt. Die räumliche Beschränkung gleicht den eingeschränkten Lebensumständen, die durch Hunger und Angst bestimmt werden. Verstärkt werden beide durch russische Razzien sowie tschechische und polnische Plünderungen, was das Haus zum Raum der Rache werden lassen.[63]

Als Eberhard Meckel 1947 aus der Kriegsgefangenschaft entlassen wird, kehrt auch der Rest der Familie nach Freiburg zurück. Sie erhalten zunächst eine Notunterkunft. Ab 1949 lebt die Familie in einem Siedlungshaus im Stadtteil Herdern. Das Haus bietet dem Vater einen Raum der Sicherheit, der Kontrolle, welcher vor äußeren unkontrollierbaren Einflüssen geschützt werden muss:

> „Die Kleinheit der Wohnung entsprach den Wünschen des Vaters: er überschaute das enggerückte Geschehen."[64]
>
> „Wenn die Kinder nach Hause kamen […] wenn sich herausstellte, dass sie glücklich waren, außerhalb des Hauses […] jenseits des Vaters […] dann war der Zauber nach einer Stunde vorbei. Der Vater ließ das Badewasser ein. Es folgte die Beseitigung alles Eingeschleppten."[65]

[62] Vgl. ebd., S. 47–85.

[63] Vgl. ebd., S. 47, 87–90.

[64] Ebd., S. 109.

[65] Ebd., S. 127 f.

Für die Kinder ist das Haus der Raum des Vaters und seiner Kontrolle, in welchem sie und ihre Emotionen kaum Platz finden. Zimmer können nicht abgeschlossen und somit nicht vom Raum des Vaters getrennt werden. Wenn Christoph Meckel also schreibt, dass es an Wohnraum fehle, meint er damit wohl auch den Mangel an Glück und individueller Entwicklungsmöglichkeit:

> „Es fehlte in allen Verhältnissen an Raum. Es fehlte an Wohnraum, an Zimmern und offenen Passagen. Es fehlten Schlupf und Winkel und eigenes Versteck. [...] Es fehlte das abschließbare Zimmer und also das Singen, Rennen, Träumen und Jubeln. [...] Der Platz war auf den Bruchteil genau vermessen, hellhörige Wände und zellenhafte Zimmer – es fehlte an allem, aber das war es nicht. Die Kindheit lebte in Unterquartierung dahin, das war die Verelendung vieler, das war es nicht. Es fehlten die Freude, der Luxus und das Glück."[66]

Hier zeigt sich bereits, wie nicht nur den Gebäuden als Gesamtkomplex, sondern auch deren einzelnen Zimmern Handlungen und Bedeutungen zugeordnet werden können. Deutlicher wird dies noch an weiteren Beispielen. So stellt der Keller in der Kindheit Christoph Meckels den Raum der Bestrafung dar. Hier erhalten die Kinder regelmäßig von dem Vater die Prügelstrafe für vorausgegangene ‚Vergehen'. Einen weiteren wichtigen Ort bildet in den ersten Nachkriegsjahren die Waschküche, in der sich der Großteil des familiären Lebens vollzieht. Für Eberhard Meckel sind außerdem Räume der Literatur von Bedeutung. So verwaltet er beispielsweise während seiner Gefangenschaft die Lagerbibliothek, die ihm innerhalb des Lageralltags als Zufluchtsraum dient.[67]

5.1.3 Metaphorische Räume

a) Der familiäre Raum in der Nachkriegszeit

Christoph Meckel zeichnet das Bild eines Vaters, der, obwohl oder gerade weil er selber unter der autoritären und lieblosen Art seines eigenen Vaters gelitten hat, der Institution Familie eine hohe Priorität zuordnet. Während aber Christoph Meckels Erinnerungen an den Vater vor dem Krieg überwiegend positiv konnotiert sind, wird der zurückgekehrte Vater in der Retrospektive eher als Belastung

---

66 Ebd., S. 129 f.

67 Vgl. ebd., S. 50 f., 79, 103.

und Fremdkörper wahrgenommen. So versucht Eberhard Meckel - wie viele andere Familienväter der Nachkriegszeit auch - durch Autorität in der Familie eine von Selbstvertrauen und Autoritätsfolge bestimmte Identität zurückzugewinnen, die er in dem sieglosen Krieg verloren hat. Die Kinder haben sich dieser Autorität unterzuordnen und werden - die Hilflosigkeit des Vaters erkennend - gleichzeitig dazu veranlasst, jegliche Belastungen vom Vater fernzuhalten. Der familiäre Raum wird in der Nachkriegszeit also durch die zwei Faktoren Autorität und Rücksicht auf den Vater bestimmt:

> „Der Halbgott des Kinderglaubens war ein nervöser Mann, Erzieher mit Nachholbedarf an Autorität. Er arbeitete an der Wiederherstellung seiner Familie, das heißt: an der eigenen, bestimmenden Rolle in ihr. Er kontrollierte Kleider, Fingernägel, Manieren [...]."[68]

> „Der Vater war verändert nach Hause gekommen, der Vater war krank, und man hatte Rücksicht zu nehmen. [...] Die Rücksicht auf ihn wurde zur Familienkrankheit."[69]

Die Figur der Mutter taucht in diesem Zusammenhang - wie auch in den übrigen Passagen des Werkes - nur am Rande auf. Ihre Position bleibt in vielen Fällen unklar. So kann der Leser beispielsweise bei dem vorausgegangen Zitat auch nur annehmen, dass die Forderung *man hatte* von der Mutter ausgeht. In der nun folgenden grafischen Darstellung wähle ich daher für die Position der Mutter im Raum ein abweichendes Zeichenformat. Damit soll verdeutlicht werden, dass die Positionierung auf ein nur mangelhaftes Informationsangebot über die Mutter zurückzuführen ist, das Christoph Meckel dem Leser in seinem Werk *Suchbild. Über meinen Vater* liefert. [70]

---

68 Ebd., S. 101.

69 Ebd., S. 103.

70 Vgl. Kenkel, 1993, S. 174 f.; Mauelshagen, 1995, S. 222; Meckel, 2005, S. 18–22, 100–123.

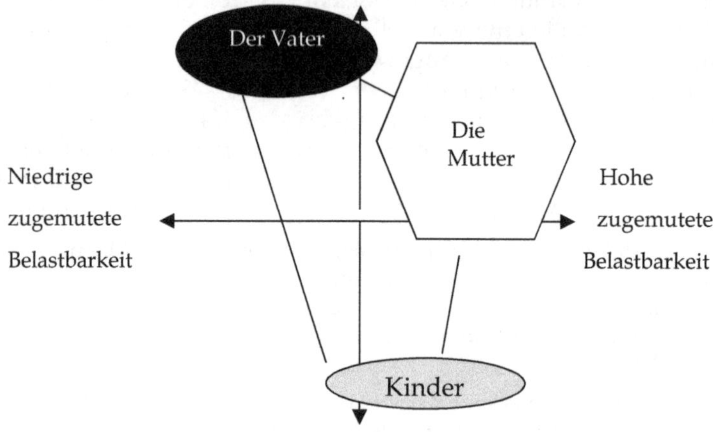

Abb. 2: Der familiäre Raum in der Nachkriegszeit: Familie Meckel. Eigene Darstellung, erstellt anhand der Ausführungen Christoph Meckels in seinem Werk *Suchbild. Über meinen Vater.*

b) Literatur und Schrift

Räume der Literatur und literarische Räume sind stärker an etwas Materielles (Blatt etc.) und - wie das Beispiel der Bibliothek zeigt - an geografische Räume gebunden als beispielsweise Wahrnehmungsräume oder familiäre Räume. Da die nun behandelten Bereiche jedoch nahezu unabhängig von ihren möglichen geografischen Verortungen betrachtet werden sollen, fasse ich sie unter die metaphorischen Räume. Dazu passt auch die Vorstellung von Literatur als imaginär begehbarem Raum.[71]

Zunächst möchte ich auf einen Raum der Literatur eingehen, nämlich auf das soziale Netzwerk, das Eberhard Meckel mit anderen Schriftstellern bildet.[72] Er ist mit Martin Raschke befreundet, der von 1929 bis 1932 monatlich eine Zeitschrift mit dem Namen *Die Kolonne* herausbringt. In ihr veröffentlichen neben Eberhard Meckel auch die befreundeten Schriftsteller Peter Huchel, Günther Eich und Horst

71 Vgl. Wenzel, 2005, S. 220.

72 Vgl. ebd., S. 219.

Lange ihre literarischen Arbeiten, wobei ein Schwerpunkt die Naturlyrik bildet. Sie alle geben sich in ihren Werken unpolitisch, wobei sich der Rückzug in zeitlose, immergültige Themen, in eine innere Emigration unterschiedlich vollzieht:

> „In Landschaftsmotiven und ihren sprachlichen Stilen verbarg sich naturromantische Anarchie [...]. Sie entsprach der vertieften Innerlichkeit der dreißiger Jahre und war für BLUT UND BODEN prädestiniert. Mein Vater und Raschke stellten ihre Provinz auf den deutsch-nationalen Boden; Eichel, Huchel und Lang hielten sie davon frei [...]. Problematische Selbstisolierung des lyrischen Ich. Sie führte bei Eich und Huchel dazu, daß sie immer weniger schrieben und schließlich keine Lyrik mehr publizierten. [...] Alle Schriftsteller wurden eingezogen, verloren sich aus den Augen und Raschke fiel. Mein Vater, Raschke und Lange schrieben weiter (wie die meisten Autoren ihrer Generation), ohne Schwierigkeit, ihre Bücher zu publizieren."[73]

Christoph Meckel zeigt hier die Geisteshaltung seines Vaters vor und während des Nationalsozialismus auf, indem er ihn und sein Verhalten in einem Raum Gleichgesinnter verortet.[74] Dabei nähert Christoph Meckel sich seinem Vater zwar mit Verständnis, zeigt aber auch Kritik auf. Dessen deutsch-nationale Naturlyrik, aber auch dessen von Christoph Meckel später erwähnte verfasste Portraits über sogenannte NS-Autoren lassen ihn schuldiger erscheinen als beispielsweise Huchel und Eich. Die Kritik wird noch deutlicher, wenn er dem Autorenkreis des Vaters Künstler und Autoren wie beispielsweise Bertolt Brecht oder Heinrich Mann gegenüberstellt, die entweder emigrierten, untertauchten, in Gefangenschaft gerieten oder sogar getötet wurden.[75]

---

73 Meckel, 2005, S. 30–33.

74 Vgl. ebd., S. 23-35.

75 Vgl. ebd., S. 25-38.

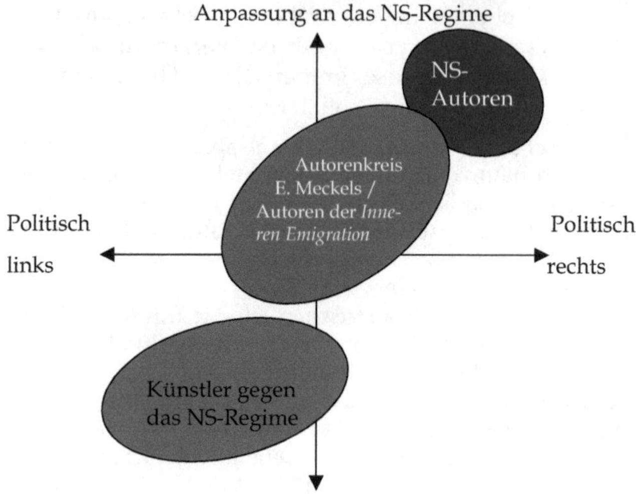

Abb. 3: Autoren während des Nationalsozialismus und ihre Anordnung im politischen Raum. Eigene Darstellung, erstellt anhand der Ausführungen Christoph Meckels in seinem Werk *Suchbild. Über meinen Vater*.

Wie der Begriff ‚Innere Emigration' schon andeutet, bildet Literatur ähnlich wie Natur und Heimat für Eberhard Meckel einen Rückzugs- und Zufluchtsraum, der ihn näher zu sich selbst kommen lässt. Hierin flüchtet er unter anderem vor politischer und gesellschaftlicher Verantwortung und vor der Enge militärischen Gemeinschaftslebens.[76] So schreibt Christoph Meckel:

> „Er zog sich, sooft es ihm möglich war, aus der Gemeinschaft zurück und schrieb Gedichte. Wo immer er hinkam, baute er sein Idyll, versponnen in einem Kokon aus Besinnlichkeit. Er las die Klassiker und Moltkes Schriften […]."[77]

Doch Literatur bildet für ihn auch einen Raum der Begegnung. Wie bereits gezeigt wurde, tritt er beispielsweise über die Literatur sowohl zu anderen Autoren als auch zu seinen Mitgefangenen während der Kriegsgefangenschaft in Verbindung.

---

76 Vgl. ebd., S. 80 f.

77 Ebd., S. 63.

Gleichzeitig bildet Literatur einen Raum, in dem sich Vater und Sohn begegnen können. Denn auch für den heranwachsenden Christoph Meckel bietet das Alleinsein mit der Literatur einen Zufluchtsraum. So beschreibt dieser die nächtliche Unterkunft bei Verwandten während der ersten Nachkriegsjahre folgendermaßen:

> „Die Kammer, das Alleinsein in der Kälte und nächtelanges Lesen im Schrank gefundener Bücher (Ritterromane, Quo vadis und Don Quijote) wurden zum Traum, der das fehlende Glück ersetzte."[78]

Die Begegnung von Vater und Sohn vollzieht sich hier nicht direkt, sondern indirekt, indem beiden Momente zugeschrieben werden, in welchen sie die Literatur als Raum des Trostes nutzen. Das geteilte Interesse am Literaturraum wird schließlich deutlicher, wenn Christoph Meckel beschreibt, wie er ebenfalls beginnt Gedichte zu schreiben. Zunächst reagiert der Vater auf die literarischen Bemühungen seines Sohnes mit Unverständnis und Kritik. Dafür bietet Christoph Meckel dem Leser sogleich eine Erklärung, die er unter anderem anhand einer Raummetapher ausführt. Seiner Ansicht nach befürchtet der Vater nämlich, dass der Sohn den von ihm beanspruchten Literaturraum bedrohen und annektieren würde.

> „Du schreibst also Gedichte? - Ich bejahte es - [...] Bilde dir nicht ein begabt zu sein, du bist nicht begabt. [...] Ich rief das Schreiben sei meine Sache, und stürmte aus seiner Veranstaltung. Von diesem Tag an war er beunruhigt. Ein noch unbestimmbares Untier war in sein Gehege eingebrochen. [...]. Dann kamen Bücher, und sie verwunderten ihn. Das Untier in seinem Gehege dehnte sich aus. Mit grausamer Unschuld nahm es den ganzen Platz und drückte den Vorbesitzer an die Wand."[79]

Erst in den letzten Lebensjahren Eberhard Meckels und mit dem Erfolg Christoph Meckels kehrt sich das Verhältnis um und der Vater beginnt, sich die Gedichte seines Sohnes zu eigen zu machen:

> „du schreibst die Gedichte, die ich schreiben wollte. [...] Ich sah: er litt, von mir verschattet zu werden, er litt unter seinem Sohn und war stolz auf ihn. [...] Immer häufiger sprach er von meinen Gedichten, als ob er sie selber geschrieben

78 Ebd., S. 104.

79 Ebd., S. 142 f.

habe. [...] Er verschaffte sich Aufmerksamkeit für seine Person: mit Nachdruck wies er auf seine Verdienste hin."[80]

Dies kann zum einen als Kapitulation angesehen werden, die den Vater dazu veranlasst, dem Sohn seinen Raum zu überlassen, gleichzeitig zeigt sich hier aber auch der Wunsch, sich den Raum mit seinem Sohn teilen zu können. Wiederum wird also deutlich, wie Vater und Sohn in einem ambivalenten Verhältnis zwischen Annäherungs- und Abgrenzungsversuch zueinander stehen.[81]

Sowohl für Eberhard als auch für Christoph Meckel bildet Schrift des Weiteren ein Erinnerungsmedium, mit welchem Erinnerungen festgehalten, rekapituliert und gestaltet werden können. So bildet das Werk *Suchbild. Über meinen Vater* zwar selbst einen medialen Erinnerungsraum, der imaginär begehbar ist, greift dabei jedoch gleichzeitig auch auf andere Erinnerungsmedien und -räume zurück. Einige der Räume, die mit Erinnerungen verknüpft sind und anhand derer Christoph Meckel Erinnerungen gestaltet, sind bereits genannt worden. Dabei ist in seinem Werk jedoch selten erkennbar, welche Inhalte auf welche Informationsquellen zurückzuführen sind. So verweist Christoph Meckel in seinen Ausführungen über die Ordnungs- und Sammelleidenschaft seines Vaters zwar auf diverse Erinnerungsmedien, ordnet sie jedoch nicht einzelnen Informationen zu:

> „Er sammelte Zeitungsausschnitte, Familienfotos, Rechnungen und Durchschläge aller Art. Er bündelte die Briefe seiner Familie, seiner Freunde und Bekannten, Gratulationen, Danksagungen, Rundschreiben und obskure Drucksachen. Über die nötige Aktenordnung sammelte er selbstverfasste Artikel und die Rezensionen anderer, seine Themen betreffend. [...] Er hortete Hölzer, Steine und Trambahnbillette [...]. Er notierte Träume, Begegnungen mit Bekannten, die beiläufigen und die ERFÜLLTEN GESPRÄCHE, Ergebnisse von Tennisspielen, Schießübungen und Blutsenkungen."[82]

Bereits hier zeigt sich die Bedeutung von Schrift als Erinnerungsmedium. An einer weiteren Stelle beschreibt Christoph Meckel, wie geografischer Raum und medialer Raum miteinander in Verbindung treten können. So sucht der Vater nach dem Krieg seinen

---

80 Ebd., S. 144–148.

81 Vgl. ebd., S. 104–154.

82 Ebd., S. 8 f.

ehemaligen Kriegsbunker auf der Insel Elba auf und fotografiert den von ihm ehemals eingeritzten Spruch über Pflicht und Vaterland. Doch als wichtigstes Erinnerungsmedium dienen dem Sohn die Tagebuchnotizen des Vaters, welche er teilweise in Ausschnitten mit in die Erzählung einfügt. Auch wenn diese Ausschnitte inhaltlich dem Gesamtgefüge angepasst sind, möchte ich hier aufgrund des personalen und zeitlichen Perspektivenwechsels von einer Art Binnenerzählung sprechen. Inhaltlich bieten die Tagebuchaufzeichnungen dem Leser aber kaum Neues und wirken daher eher wie ein Quellenverweis für Christoph Meckels (auto-)biografische Erzählung.[83]

Wie zu Beginn dieses Kapitels bereits erwähnt wurde, bildeten die Kriegstagebücher des Vaters den Ausgangspunkt dieser (auto-)biografischen Erzählung. Sie veranlassten den Sohn dazu, das in der Familie tradierte Bild eines im Krieg schuldlos gebliebenen Vaters zu überdenken. Hieran zeigt sich unter anderem, dass dem Sohn der intergenerationelle Dialog in der Nachkriegszeit nicht ausgereicht hat, was für viele seiner Generation ein typisches Phänomen war. Die tradierten Informationen wurden daher unter anderem durch wissenschaftliche Schriften oder auch Tagebuchnotizen ergänzt. In der ‚Väterliteratur' wurden diese Informationen genutzt, um einen erweiterten Dialog einleiten zu können. Im Fall Christoph Meckels wurde der Dialog jedoch bereits mit dem Zugang zu den Tagbuchnotizen seines Vaters eingeleitet und daraufhin während der Arbeit an seinem Buch weitergeführt. Das *Suchbild* bildet somit einen von Christoph Meckel selektiv erstellten und damit kontrollierten Kommunikationsraum. Der Vater existiert dabei jedoch nur in der Erinnerung und in seinen Aufzeichnungen als Kommunikationspartner. Das ‚kommunikative Gedächtnis' an den Nationalsozialismus ist dennoch entgegen den Ausführungen Cornelia Blasbergs keine Erfindung der ‚zweiten Generation'. Ein Dialog hat stattgefunden, Familiengedächtnisse wurden tradiert. Ein Teil der ‚zweiten Generation' setzte den Dialog jedoch auf schriftlicher Ebene fort, wollte das erinnern, was vergessen werden sollte, und versuchte so, das Familiengedächtnis seiner Wahrnehmung anzupassen.[84]

---

83 Vgl. ebd., S. 36 f., 55–58, 70, 78, 150.

84 Vgl. Blasberg, 2002, S. 484 f.

5.2 Peter Henischs Die kleine Figur meines Vaters

5.2.1 Zum Untersuchungsgegenstand

1973 beginnt der 1943 geborene österreichische Schriftsteller Peter Henisch mit seinem (auto-)biografischen Roman *Die kleine Figur meines Vaters*, der 1975 erstmals veröffentlicht wurde. Zwölf Jahre später erscheint eine um- und weitergeschriebene Fassung des Romans, die schließlich 2003 ein weiteres Mal überarbeitet und um Fotomaterial ergänzt wird. Dieses in der zeitgenössischen Literatur seltene Phänomen stellt eine typische Vorgehensweise in Peter Henischs literarischer Arbeit dar.[85]

Wie Meckels *Suchbild* enthält auch dieser Roman sowohl biografische als auch autobiografische und fiktive Elemente. Peter Henisch nähert sich der Biografie seines Vaters Walter Henisch vor allem über dessen Erinnerungen, denen er in mehreren auf Tonband aufgenommenen Interviews mit seinem Vater nachgegangen ist. Außerdem nutzt er alte Briefe (die größtenteils im Labor des Vaters aufbewahrt sind) und Fotografien seines Vaters, eigene Erinnerungen und Fremderzählungen. Im Vordergrund dieses (auto-)biografischen Romans steht jedoch die Vater-Sohn-Beziehung, sodass der Sohn neben der Biografie des Vaters auch eine (Teil-)Autobiografie seines eigenen Lebens schreibt. Die Niederschrift der Tonbandaufnahmen erfolgt teilweise als ‚direkte', meist jedoch als ‚autonome direkte Rede' des Vaters. Dem mit Peter Henisch identischen Ich-Erzähler wird somit ein Ich-Erzähler entgegengestellt, der die Person des Vaters repräsentiert. Die Rahmenerzählung des Sohnes wird also um eine autobiografische Binnenerzählung des ‚Vaters' ergänzt. Peter Henisch bleibt dabei jedoch als Erzähler weiterhin präsent, indem er beispielsweise die Auswahl und Anordnung der verwendeten Aufnahmen bestimmt. Des Weiteren könnte die flüssige Erzählweise auf eine literarische Überarbeitung des Gesagten während der Transkription hindeuten. Die Unzuverlässigkeit der wiedergegebenen Erinnerungen sowie die von Peter Henisch gewählte Form und Anordnung des Dargestellten verweisen schließlich auf das fiktive Element dieses Romans.[86]

---

85 Grünzweig, 2003, S. 221–230; vgl. Hackl, 2003, S. 165.

86 Vgl. Hackl, 2003, S. 166; Henisch, 2004, S. 13, 125; Martinez & Scheffel, 2007, S. 62–76; Uvanović, 2001, S. 264 f.

Als Motive für das Verfassen dieses Romans nennt Peter Henisch einmal den bevorstehenden Tod seines Vaters - tatsächlich stirbt dieser, bevor der Roman abgeschlossen ist - und sein eigenes fortgeschrittenes Alter, welches ihn den Generationenkonflikt überdenken ließ und somit eine Annäherung an den Vater erst möglich machte. Dieser wurde als Sohn des tschechischen Friseurs Walter Heniš bzw. Hemiš (Henisch ist die in der Zeit des Nationalsozialismus ‚eingedeutschte' Form des Namens) und dessen jüdischer Frau Martha noch vor dem Ausbruch des Ersten Weltkrieges in Wien geboren. 1913 verließ der Vater die Familie, und die Mutter ging bald eine neue Ehe mit einem deutschnational orientierten Sudetendeutschen ein, welcher die jüdischen Wurzeln seiner Frau und seines Stiefsohnes stets als Tabuthema behandelte. In der Mitte der 1930er-Jahre kamen Walter Henisch und seine Mutter zu gefälschten Papieren, aufgrund derer ihnen schließlich jeweils ein ‚Ariernachweis' ausgestellt werden konnte.[87]

Für den Stiefvater stellte Walter Henisch zunächst einen Störfaktor dar. Er begrüßte daher die zeitweilige Unterbringung seines Stiefsohnes in Kinder- und Schulheimen. Sowohl dort als auch in den öffentlichen Schulen avancierte Walter Henisch zum Außenseiter. In Verbünden wie dem Deutschen Turnerbund, der Hitlerjugend, in den Uniformen des Arbeitsdienstes und des Militärs fand er schließlich soziale Anerkennung und Kameradschaft. Nachdem er vor dem Krieg eher zufällig an den Beruf des Pressefotografen geraten war, wurde er 1939 „zur Deutschen Wehrmacht einberufen und fotografierte vorerst noch bei gewöhnlichen Einheiten in Polen und Frankreich. Ab 1941 war er bei der Propagandakompanie und wurde zu einem der bekanntesten fotografischen Kriegsberichterstatter in Russland und auf dem Balkan."[88] Nach dem Krieg fand er nach anfänglicher Schwarzarbeit zunächst eine Stelle bei der *Weltillustrierten*, einer Zeitschrift der sowjetischen Besatzungsmacht. Später war er als Pressefotograf für die sozialdemokratische *Arbeiter Zeitung* tätig. Im Bekanntenkreis und in der Familie erinnerte der Vater, der als Unterhaltungskünstler bekannt war, seine Kriegserlebnisse meist anhand harmlos wirkender Anekdoten.[89]

---

87 Grünzweig, 2003, S. 219–229; vgl. Uvanović, 2001, S. 266.

88 Grünzweig, 2003, S. 220.

89 Ebd., S. 219 f.; vgl. Hackl, 2003, S. 166; Uvanović, 2001, S. 269 f.

In den nun folgenden Erläuterungen soll wiederum dargestellt werden, inwiefern in diesem (auto-)biografischen Roman Orte und Räume an bestimmte Erinnerungen und inwiefern Erinnerungen an bestimmte Orte und Räume gebunden sind. Häufig stehen dabei Erinnerungen und Orte/Räume jedoch in einem nicht klar differenzierbaren reziproken Abhängigkeitsverhältnis zueinander.

5.2.2 Geografisch gebundene Räume

a) Die Kamera als ein den Raum trennendes Element

Der Fotografie, ein Hobby des Stiefvaters, widmet sich Walter Henisch erst nach dessen Tod. Danach bildet sie für ihn jedoch ein zentrales Element in seinem Leben. So berichtet sein Sohn davon, dass er seinen Vater fast nie ohne Kamera gesehen und dieser sogar im Krankenhaus auf seine Leica bestanden habe. So findet Walter Henisch in der Kamera ein Mittel, der Welt hauptsächlich in den von ihm bestimmten Grenzen zu begegnen. Gleichzeitig kann er mit ihr eine Distanz zu den ihn umgebenden Räumen aufbauen. Diese kontrollierte Annäherung an die Welt verfolgt der Vater bereits in früher Kindheit:

> „Aber ich habe auch schon damals eine ganz spezielle Methode gehabt, meine Umgebung zu betrachten. […] Durch dieses FERNROHR war alles gewissermaßen weiter entfernt und genauer umgrenzt. Durch dieses Fernrohr ist mir die Welt, oder was mir damals als Welt erschienen ist, nicht zu nahe gekommen."[90]

Auch als Pressefotograf und später als Kriegsberichterstatter hält er diese Einstellung bei:

> „Diese Geschehnisse habe ich vor meiner Kamera ablaufen lassen, diese Geschehnisse sind mir samt und sonders Motive gewesen. Auch wenn ich mittendrin war, habe ich mich bis zu einem gewissen Grad immer außerhalb der Geschehnisse gefühlt."[91]

Es scheint, als würde er sich mithilfe der Kamera einen eigenen Raum bilden, der sich von seiner Umgebung abgrenzt. Der Standplatz hinter der Kamera ist sein Ort und die Fotografie seine Handlung. Den Ort um sich herum beobachtet er durch seine Kamera,

---

90 Henisch, 2004, S. 20.

91 Ebd., S. 48.

und die dort stattfindenden und raumbildenden Handlungen hält er in den von ihm gewählten Motiven fest.[92] Das Motiv ist jedoch nur eine Momentaufnahme der Handlung, die somit ihrer Bewegung beraubt wird. In der Fotografie wird also der Ausschnitt eines Raumes als Ort repräsentiert. Erst in der Rezeption kann der Fotografie wieder Handlung zugeordnet werden, kann Fotografie zum Raum werden.

Walter Henisch nimmt den Krieg mit seiner Kamera auch in der Erinnerung noch als Aneinanderreihung von Bildern und Motiven wahr, was es ihm, so ist zu vermuten, erlaubt, sich emotional von den kriegsbedingten Handlungen zu distanzieren. Zwar schreibt er einigen seiner Motive bestimmte Handlungen zu, doch werden diese in keinen klaren Gesamtzusammenhang gebracht. Stattdessen fotografiert er Momente, einzelne Ereignisse und Typen - für die Propaganda wie auch aus Eigeninteresse. Den Krieg schildert er inhaltlich - teilweise auch mithilfe sprachlicher Mittel - als Folge von Bildern:

> „Ich habe den Krieg, sagt die Stimme meines Vaters auf dem Tonband, vom Anfang bis zum Ende als eine Folge von Bildern gesehen. […] Hier Bilder aus Polen zum Beispiel: […] Das Überschreiten der Grenze, siehst du, das Überqueren von Flüssen […] Kanoniere beim Laden, Kanoniere beim Feuern, Kanoniere beim Stellungswechsel […].“[93]

Peter Henisch erläutert die fotografische Vorgehensweise seines Vaters unter anderem folgendermaßen:

> „Klar, die Bevölkerung ist arm - mein Vater hinter der Kamera sieht auch ihr Elend. Vielleicht sieht er es zu pittoresk, aber er sieht es nicht ekelerregend. Das ist kein Ungeziefer, wie die Schriften des Propagandaministeriums behaupten, sondern das sind beseelte Menschen. Gewiß, sein Fotografenblick sieht sie auch als Typen, aber er SIEHT sie.“[94]

Walter Henisch selbst sagt in den Tonbandaufnahmen, dass er sich vor den Schrecken des Krieges hinter der Kamera versteckt habe. Dieser Raum hinter der Kamera bildete für ihn also eine Art Schutz- und Rückzugsraum.[95]

---

92 Vgl. Meurer, 2007, S. 223 f.

93 Henisch, 2004, S. 79.

94 Ebd., S. 120.

95 Vgl. ebd., S. 20–48,79–120; vgl. Uvanović, 2001, S. 282.

Im Roman gibt es kaum Beispiele dafür, wie Walter Henisch schützend in das um ihn herum stattfindende Geschehen eingreift. Eine Ausnahme bildet das folgende Ereignis. Als er während eines Gefechtes beobachtet, wie Kriegsberichterstatter des Feindes von Männern der SS angegriffen werden, verhindert er ihre Tötung. Die beiden Engländer, ihrer Kamera beraubt, stehen nun in der ‚Obhut' Walter Henischs. Als Henisch verletzt wird, rettet einer der Soldaten sein Leben. Ohnmächtig und verletzt kann er deren weiteres Schicksal jedoch nicht mehr beeinflussen. Seinem Sohn gegenüber äußert er - scheinbar emotionslos - den Verdacht, sie seien daraufhin in einem Konzentrationslager untergebracht worden. Doch was hat diese Menschen damals dazu bewegt, sich schützend vor einen ihrer Feinde zu stellen? Vielleicht war es nur der vereinzelte Versuch, sich dem Schrecken des Krieges zu widersetzen, wobei der Zeitpunkt eher zufällig war. Vielleicht war die Rettung durch den Engländer nur dessen Geste der Dankbarkeit. Aber vielleicht war ihnen auch bewusst, dass sie, obwohl sie auf verschiedenen Seiten des Krieges standen, denselben Raum teilten, den Raum hinter der Kamera.[96]

b) Kriegsschauplätze

Die Schauplätze des Krieges werden von Walter Henisch in zwei weitere Räume aufgeteilt: in den eigenen und den anderen Raum, in den Raum der Nationalsozialisten und den Raum ihrer Gegner:

> „Die Patrouillen an der Grenze, auf der einen Seite Deutsche, auf der anderen Russen. […] Auf der einen Seite Bier, auf der anderen Seite Wodka."[97]

Grenzüberschreitungen gehen meist mit Flucht oder der Einnahme und Aneignung des jeweiligen feindlichen Raumes einher. Die Handlungen werden also auf beiden Seiten gleichermaßen hinsichtlich des Feindes ausgerichtet, Ausgangs- und Zielort sind jedoch unterschiedlich gewählt. Die Richtung des Marsches zeugt dabei von Erfolg (Vorankommen) oder Niederlage (Zurückweichen):

> „Aber natürlich musste die Wehrmacht vorankommen. Und zwar zügig. Das rasche Tempo der militärischen Bewegung war die Grundlage ihrer bisherigen Siege. […] Das mußt du dir vorstellen: diese ungeheuren Menschenzüge. […] SIE auf

96 Vgl. Henisch, 2004, S. 148–153.

97 Ebd., S. 84.

dem Marsch in das verwüstete Land hinter uns, WIR auf dem Weg immer nach vorn. [...] Ihre lethargischen Bewegungen, ihr heruntergekommener Zustand. Dagegen die vorbildliche Verfassung der Okkupanten."[98]

Orte und Räume bilden also sowohl den Ausgangs- als auch den Zielpunkt des Krieges. Ihre metaphorische Bedeutung kann sich aber unter anderem mit der Zeit ändern. So schildert Walter Henisch, wie Russland im Winter von den deutschen Soldaten als Raum der Mutlosigkeit und Niederlage wahrgenommen wird, während der Frühling die Grundlage für neue Zuversicht und Erfolge bildet.[99]

Im Februar 1942 heiratet Walter Henisch seine Verlobte per Ferntrauung. Obwohl sie sich an unterschiedlichen Orten befinden - sie in Wien, er in Smolensk (vgl. Abb. 1) -, erstellen sie sich beide einen Raum zeremonieller Trauungsvorgänge. Der jeweilige Partner ist dabei symbolisch in Form eines Stahlhelms anwesend. Im Mai desselben Jahres wird die Heirat während eines Fronturlaubes kirchlich nachgeholt.[100]

Bis zum August 1943 wird Walter Henisch immer wieder in der russischen Stadt Orel (vgl. Abb. 1) stationiert. Sein Sohn rekonstruiert dessen Leben dort aus den Briefen und vor allem auch aus den Fotografien des Vaters. Die Bilder stellen einzelne Motive und Ereignisse dar, die in der Rezeption die dort repräsentierten Räume in mannigfaltiger Bedeutung erscheinen lassen. Die Aufnahmen von Straßen, Gebäuden und Einheimischen bewirken zunächst positive Assoziationen. Orel wird hier als selbstbestimmter Raum der Ortsansässigen präsentiert. Dagegen machen die Aufnahmen von deutschen Soldaten darauf aufmerksam, dass es sich bei Orel um einen deutschen Besatzungsraum handelt. In den ersten Jahren gestaltet sich das Leben der Soldaten in dieser russischen Stadt noch verhältnismäßig friedlich. Doch im August 1943 muss Orel aufgegeben werden. Bevor die deutschen Soldaten die Stadt verlassen, bewirken sie ihre (Teil-)Zerstörung:

> „Orel. Eine hübsche Stadt. Auf den ersten Bildern, die er für diese Serie fotografiert hat, herrscht falscher Friede. [...] Dann sieht man den Abzug der Truppen über die Brücke.

98 Ebd., S. 89 f.

99 Vgl. ebd., S. 79–117.

100 Vgl. ebd., S. 114 f.

> [...] Schließlich die Fotos von Detonationen. [...] Und endlich die Reichskriegsflagge auf dem Balkon. Sie weht fotogen, aber die Straßen dahinter bleiben leer."[101]

Der Reichskriegsflagge scheint aus der Perspektive der Fotografie und ihrer Rezeption zwei Bedeutungen zuzukommen. Einmal wirkt sie wie ein letzter Versuch, die Stadt als deutschen Besatzungsraum zu markieren. Daneben bildet sie als ein sich bewegendes ‚deutsches' Objekt ein Gegenstück zu den leeren und damit tot wirkenden Straßen Orels.[102]

In dem Dialog, den Vater und Sohn auf den Tonbändern führen, zeigt sich auch, wie der Vater versucht, bestimmte Orte/Räume aus der Tradierung seiner Erinnerung herauszuhalten. Der Frage des Sohnes, ob er auch in Konzentrationslagern fotografiert habe, entgegnet er mit einem knappen *Nein*. Daraufhin betont er, dieses Thema für die Tonbandaufnahmen nicht weiter behandelt haben zu wollen. Auf die Frage nach dem Warschauer Ghetto reagiert er zwar ebenfalls abweisend, berichtet dem Sohn aber trotzdem von einigen der Eindrücke, die er dort während einer Presseführung gewinnen konnte:

> „Angst, Unterwürfigkeit, Haß, Aufruhr, alles zugleich war in ihren Mienen. [...] Zucht und Ordnung. Rundherum allerdings war Stacheldraht. Und Deportationen waren auch schon im Gang. In AUFFANGLAGER, hat es lakonisch geheißen. [...] Nichts sehen, orakelt mein Vater, nichts hören, nichts reden."

Jüdische Ghettos und Konzentrationslager waren also bereits während des Krieges und nicht erst in der Nachkriegszeit ein Tabuthema.[103]

Walter Henischs Verhältnis zu den Nationalsozialisten ist widersprüchlich. So lassen ihn seine tabuisierten jüdischen Wurzeln fast selbst als Opfer erscheinen. Außerdem zeugen einige seiner Fotografien von einem der nationalsozialistischen Ideologie abweichenden Menschenbild. Des Weiteren lässt ihn seine Arbeit in der Nachkriegszeit bei einer von der sowjetischen Besatzungsmacht finanzierten Zeitschrift eher als Opportunisten erscheinen. Es kann jedoch nicht eindeutig geklärt werden, inwiefern er diese Position

---

101 Ebd., S. 139 f.

102 Vgl. ebd., S. 119–142.

103 Vgl. ebd., S. 128–207.

auch schon zur Zeit des ‚Dritten Reiches' vertrat. So wurde in der Einleitung bereits erläutert, welche Bedeutung Organisationsformen wie die Hitlerjugend und später das Militär für ihn gehabt hatten. Doch inwiefern er auch ihre gesamte Ideologie geteilt hat, wird im Buch nicht ersichtlich. Als er beispielsweise in Gefangenschaft das Angebot erhält, für die ‚andere Seite' zu arbeiten, reagiert er mit Flucht und schließlich mit Gegenangriff. In der Retrospektive will er dennoch seine damalige Unentschlossenheit hervorheben:

> „Ich muss gestehen, ich war ziemlich unentschlossen - im Grunde genommen ist es mir wirklich wurscht, von welcher Seite ich meine Fotos schieße."[104]

Der Tempuswechsel und seine letztendliche Entscheidung lassen es aber fragwürdig erscheinen, dass seine Handlungen schon während des Krieges rein opportunistischer Natur waren. Vielmehr scheint er sich diese Eigenschaft verstärkt erst in der Nachkriegszeit angeeignet zu haben.[105]

c) Haus und Raum

Während Walter Henisch die ersten Jahre seines Lebens noch in der Obhut seiner Mutter verbringt, wird er bereits im frühen Kindesalter in diversen Heimen, die mit amerikanischer und schwedischer Hilfe errichtet worden sind, untergebracht. Die ersten Orte, die für ihn eine Art ‚Zuhause' bilden, beruhen also teilweise auf der Unterstützung zukünftiger ‚Landesfeinde'. Die Erinnerungen an diese Zeit sind für Walter Henisch jedoch vor allem durch Vergessen gekennzeichnet. Die wenigen Erinnerungen lassen die Heime als Räume der Einsamkeit erscheinen. So erhält er nur selten Besuch von seiner Mutter und im Kreise der anderen Kinder fühlt er sich als Außenseiter:

> „Die Erinnerungen […] aus der Kinderheimzeit sind natürlich bloße Erinnerungsinseln in einem Meer von längst Vergessenem. […] Ich war immer der Kleinste und Unscheinbarste, UNTER den anderen bin ich mir erst richtig aufgefallen. Meist habe ich also nicht mit den anderen mitgespielt, sondern mich in einer Ecke versteckt."[106]

---

104 Ebd., S. 132.

105 Vgl. ebd., S. 131-135, 199-205.

106 Ebd., S. 15-20.

Bereits in seiner Kindheit hat er sich also am Rande der Geschehnisse bewegt. Diese Position durchdringt schließlich nahezu alle seine Erinnerungen. Dabei bildet die Kamera in späteren Jahren jedoch ein Element, das es ihm erlaubt, diese Position selbstbestimmt einnehmen zu können.[107]

Nach dem Kinderheim wird er zunächst in einem Schülerheim untergebracht, mit welchem er jedoch nahezu keine Erinnerungen verbindet:

> „Vielleicht hat das JOHANNEUM, in das ich zu Beginn der zweiten Klasse überwiesen worden bin, einen diese Erinnerungslücke bewirkenden Schock ausgelöst."

Nach Walter Henisch wurde also seine Erinnerung an den einen Raum durch die prägnantere und traumatischere Erinnerung an einen anderen Raum verdrängt.

Im Johanneum gerät er wiederum in die Position des Außenseiters. Außerdem wird diese autoritär geführte katholische Schule von Walter Henisch als Raum physischer und emotionaler Gewaltausübung wahrgenommen. Er unternimmt einen Ausbruchsversuch und wird daraufhin von seiner Mutter und seinem Stiefvater ‚nach Hause' in die Heumühlgasse geholt. Doch trotz des Ortswechsels konnte er dem von Gewalt geprägten Raum nicht entkommen. Während er zuvor den Autoritätsvorstellungen der Ordensbrüder unterlag, leidet er nun unter den Erziehungsmaßnahmen seines Stiefvaters.[108]

Das Leben in den Kasernen und Quartieren während des Krieges wird weder von Walter noch von Peter Henisch näher erläutert. Kameradschaft und Autoritätsfolge werden nur ansatzweise thematisiert. Als Grund könnte wiederum angeführt werden, dass Walter Henisch als Kriegsfotograf meist außerhalb des Geschehens steht und dieses nur ausschnittsweise über seine Kamera erlebt.[109]

Nach dem Krieg gerät Walter Henisch in Gefangenschaft, aus der er jedoch bald entfliehen kann. Zuflucht findet er auf dem Dachboden einer ihm zugetanen Frau. Ihr Haus bildet somit einen Raum des Widerstandes, der sich jedoch – entgegen dem Beispiel in Christoph Meckels *Suchbild* – nicht gegen den Nationalsozialismus, sondern

---

107 Vgl. ebd., S, 13–21.

108 Vgl. ebd., S. 23–37.

109 Vgl. ebd., S. 79–131.

gegen die englische Besatzungsmacht richtet. Peter Henisch äußert jedoch Zweifel an den Erzählungen seines Vaters über die Flucht aus dem Gefangenenlager:

> „Und ich habe meine Zweifel an dieser Geschichte, denn sie scheint zu schön, um wahr zu sein. Außerdem hat sie, daran ist KEIN Zweifel, ihre Ungereimtheiten. […] Und trotzdem: auch wenn diese Geschichte nicht wahr sein sollte (oder nur mehr oder minder wahr): sie trifft seine Wahrheit."[110]

Peter Henisch hinterfragt somit in seinem Roman die Lebenserinnerungen seines Vaters, ohne sie dabei jedoch vollständig demontieren zu wollen.[111]

Nachdem Walter Henisch aus dem Krieg zurückgekehrt ist, zieht er mit seiner Familie - das gemeinsame Haus in der Gassergasse war während eines Bombenangriff zerstört worden - zunächst zu seiner Mutter in die Heumühlgasse_(vgl. Abb. 4). Kurz vor der Ablösung der sowjetischen Besatzungsmacht durch die britische bietet sich ihnen eine neue Wohnmöglichkeit. Ein Bekannter Walter Henischs will ihm sein durch einen Bombenangriff teilweise zerstörtes Haus in der Keinergasse (vgl. Abb. 4) überlassen, in dem dessen Familie umgekommen ist. Das Haus, für den Bekannten ein Raum des Verlustes, stellt für Familie Henisch die Möglichkeit eines neuen Zuhauses dar:

> „Es sind ja immer noch zweieinhalb Zimmer geblieben. […] Anfangs haben wir gezittert, kaum ist ein bißchen Wind aufgekommen. Da hat die Bruchbude nämlich zu wackeln begonnen. […] Ich hab repariert, was zu reparieren war, neue Drähte verlegt. Alte Wasserrohre umgeleitet und ein picobello Fotolabor eingerichtet. Dann habe ich mich mit Feuereifer in meine neue / alte Arbeit gestürzt."[112]

Das Haus als unsicherer Ort wird durch die an ihm getätigten Handlungen zum Raum der Hoffnung, Zuversicht, Aufbruchstimmung.[113]

In der Entstehungsphase des (auto-)biografischen Romans besucht Peter Henisch die Häuser seiner Jugend und vergleicht ihr ‚gegenwärtiges' Äußeres mit seinen Erinnerungen an ihr damaliges Er-

---

110 Ebd., S, 185.

111 Vgl. ebd., S. 182–186.

112 Ebd., S. 194 f.

113 Vgl. ebd., S. 188–195.

scheinungsbild. Neben dieser Vergegenwärtigung bereits bestehender Erinnerungen wirken die Häuser und ihre Umgebung außerdem als Erinnerungsauslöser:

> „Weiter zu Fuß ging ich Richtung Keinergasse. Mir kam der Tag in den Sinn, an dem uns mein Vater eröffnet hatte, daß er nun seine FREIE BILDBERICHTERTÄTIGKEIT aufgebe."[114]

> „Sodann fotografierte ich, vorerst keine Ahnung warum, die Konditorei an der Ecke. Und dann fiel mir ein, daß ich ehemals, als Kind, einmal nackt vom Haustor zur Konditorei und zurück gelaufen bin."[115]

Mit der physischen Begehung seiner eigenen Erinnerungstopografie erweitert Peter Henisch diese also gleichzeitig.[116]

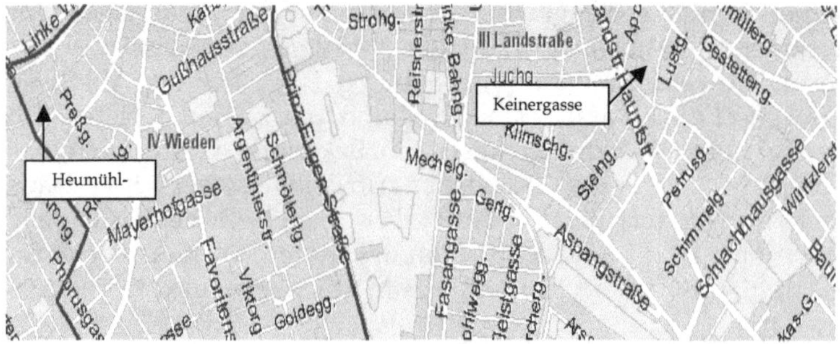

Abb. 4: Ausschnitt eines Stadtplans von Wien (Stadt Wien, 2008, www.wien.gv.at).

Die letzten Monate seines Lebens verbringt Walter Henisch in einem Spital. Das veranlasst sowohl ihn als auch seinen Sohn dazu, sich mit seinem Tod und dementsprechend auch weiter mit seiner Lebensgeschichte auseinanderzusetzen. So werden einige der Tonbandaufnahmen hier verfertigt. Schließlich stirbt Walter Henisch in diesem Spital, welches ein paar Jahre später den Geburtsort von Peter Henischs Tochter sein wird. Das Spital wird dem Leser also gleichzeitig als ein Raum des Lebens und des Todes dargestellt.[117]

---

114 Ebd., S. 215.

115 Ebd., S. 222.

116 Vgl. ebd., S. 196–223.

117 Vgl. ebd., S. 112–159, 242 f.

5.2.3 Metaphorische Räume

a) Der familiäre Raum in der Nachkriegszeit

Der familiäre Raum in der Nachkriegszeit kann über die Ausführungen Peter Henischs nicht genau erfasst werden. Er bietet den Lesern nur ein geringes Maß an Informationen und ordnet den Familienmitgliedern keine eindeutigen Positionen zu. So wird Walter Henisch einerseits als liebevoller und humorvoller Vater beschrieben, dessen Fotografien und Kriegsanekdoten von Peter Henisch zunächst bewundernd und stolz aufgenommen werden. Der Sohn erinnert sich außerdem beispielsweise an eine Situation, in der der Vater ihn vor einer Prügelstrafe durch die Mutter bewahrt. An anderer Stelle erscheint jedoch auch der Vater als Anwender der Prügelstrafe. Weitere Formulierungen deuten auf eine mögliche Regelmäßigkeit dieser Anwendung:

> „Und dann stand er mir gegenüber, das war noch im Vorzimmer unserer neuen Wohnung. Aber er schlug nicht oder trat nicht auf mich los, und ich wehrte ihn nicht ab."[118]

Gerade die betonte Verneinung lässt das Gesagte eher als Ausnahmeerscheinung denn als Regel erscheinen. Der Vater tritt jedoch nicht nur als Autorität auf. So schildert Peter Henisch, wie er seinen Vater zum ersten Mal abseits von Stolz und Bewunderung wahrnimmt. Zuvor hatten Vater und Sohn erfolglos versucht, vor der Polizei zu fliehen, die Walter Henisch aufgrund seines Handels mit Aktbildern auf einem Messegelände festnehmen wollte:

> „[...] andererseits aber ist mir bei seinem Anblick (wie ihn die Polizisten rechts und links festhalten, wie er, wesentlich kleiner als sie, mit seinen kaum mehr den Boden berührenden Beinen strampelt) vollends zum Heulen. Die Polizisten lachen. Vielleicht lachen sie über ihn. Ich sehe meinen Vater zum ersten Mal als tragikomische Figur."[119]

Eine kritische Auseinandersetzung mit dem Vater, der in seinem Beruf stets mehr Erfüllung fand als in seiner Familie, beginnt jedoch erst mit der Pubertät Peter Henischs. In dieser Zeit erhält er nämlich erstmals Zugang zu Informationen, die dem vom Vater tradierten Kriegsbild widersprechen.[120]

---

118 Ebd., S. 232.

119 Ebd., S. 181.

120 Vgl. ebd., S. 83-88, 124, 180-232.

Während die ambivalente Darstellung des Charakters Walter Henischs einerseits real erscheint, erschwert sie andererseits eine strukturierte Darstellung des familiären Raumes.

b) Der Traum als Identifikationsraum

Peter Henisch berichtet immer wieder von Träumen, in denen er als Protagonist der Handlung die Erinnerungen des Vaters in leicht veränderter Form ‚wiedererlebt'. Ein Beispiel sei an dieser Stelle genannt, wobei das erste Zitat die Erinnerung des Vaters und das zweite den Traum des Sohnes wiedergibt:

> „Und dann bleibt auf einmal eine Handgranate [...] direkt über unseren Köpfen hängen. Der Kommandant unseres Panzers kann sie noch im letzten Moment von innen wegstoßen, aber bei dieser Gelegenheit hat es ihn erwischt. [...] Wer ist der nächste Dienstgrad, hat [eine] Stimme geschnarrt - und der nächste Dienstgrad war leider ich. Schmeißen sie Ihr Fotozeugs weg, Sie übernehmen ab sofort das Kommando über den Panzer! Natürlich habe ich das FOTOZEUGS nicht wirklich weggeschmissen, sondern wie der Teufel weiterfotografiert."[121]

> „Ich saß in einem Tigerbegleitpanzer und tippte auf der Schreibmaschine. WIR WALZEN ALLES NIEDER, schrieb ich, WIR LASSEN NICHTS HINTER UNS ZURÜCK ALS BLUT UND DRECK. Neben mir wurde einem das Gesicht weggerissen, und ich schrieb darüber. Wer ist der nächste Dienstgrad, fragte eine Stimme, und dieser nächste Dienstgrad war ich. Schmeißen sie die Schreibmaschine weg, sie übernehmen ab sofort das Kommando über den Panzer! Natürlich schmiß ich die Schreibmaschine nicht weg, sondern schrieb wie der Teufel weiter."[122]

Anhand dieses Traumes wird nochmals deutlich, wie stark der hier abgebildete Generationenkonflikt während der Entstehungsphase des Buches neben Distanzbegehren auch von Annäherungs- und Identifikationsversuchen geprägt ist. Der Identifikationsvorgang findet auf zwei Ebenen statt. Zum einen durchlebt der Sohn die Erinnerungen des Vaters im Traum aus einer dem Vater ähnlichen Raumperspektive. Auf der anderen Seite agiert er jedoch als er

121 Ebd., S. 130 f.

122 Ebd., S. 134.

selbst, als Peter Henisch. So wird im Traum die Kamera des Vaters durch die Schreibmaschine des Sohnes ersetzt. Die Schreibmaschine hat für den Sohn jedoch die gleiche Bedeutung wie die Kamera für den Vater. So beschreibt Peter Henisch an anderer Stelle, wie er als Schriftsteller - gleich seinem Vater als Fotograf - in allem Geschehen stets nur das (Schreib-)Motiv sucht.[123]

c) Die Fotografie als Begegnungs- und Erinnerungsraum

Für Walter Henisch bildet die Kamera außerdem eine Möglichkeit, mit anderen beruflich und privat in Kontakt zu treten. So kann er sich als Fotograf auf dem Schwarzmarkt etablieren, indem er russischen Soldaten Portraitfotos anbietet und so ihre Gunst gewinnt. Auf familiärer Ebene versucht er den Raum, den die Kamera für ihn bildet, mit seinem Sohn Peter Henisch indirekt zu teilen. Im Hinblick auf eine mögliche zukünftige berufliche Zusammenarbeit schenkt er diesem zu dessen zwölften Geburtstag eine Kamera. Der Sohn verliert jedoch schon nach wenigen Jahren das Interesse an der Fotografie. Erst während der Entstehungsphase des Buches wendet sich Peter Henisch wieder der Fotografie zu, indem er sich mithilfe der Kamera auf die Spuren seiner Vergangenheit begibt. Dies kann als Versuch gewertet werden, sich der Sichtweise seines Vaters zu nähern. Er begegnet ihm, indem er dessen Raum betritt, den Raum hinter der Kamera.[124]

Keine Fotografie, aber im Familienalbum verzeichnet, stellt eine von Walter Henisch gezeichnete ‚mental map'[125] dar, in der dessen Wahrnehmung Europas während seiner Ferntrauung aufgezeigt wird.[126] Peter Henisch beschreibt diese Zeichnung folgendermaßen:

> „Europa wirkt im Westen ziemlich ausgefranst, die britischen Inseln sind sehr klein, Jugoslawien, Albanien und Griechenland ein vage mit der Türkei verbundener Block, über den sich das Wort Balkan erstreckt. Mit roter Tinte ausgezeichnet sind Wien und Smolensk, die strichliert kenntlich

---

123 Vgl. ebd., S. 104–134; Uvanović, 2001, S. 279.

124 Vgl. Henisch, 2004, S. 190–224.

125 Diese zeichnerisch darstellbaren kognitiven Raumbilder sind geistige Repräsentationen von Orten oder Räumen, die auf individuelle Vorstellungen und Eindrücken beruhen. Dort werden also physisch-räumliche Strukturen mit subjektiven Erinnerungsakten überlagert.

126 Vgl. ebd., S. 115; Knox & Marston, 2001, S. 40–42.

> gemachte Strecke zwischen diesen beiden Punkten beträgt 1.800 Kilometer."[127]

Dem Ereignis entsprechend sind die für die Trauung bedeutenden Städte rot markiert. Die gestrichelte Linie dazwischen wirkt gleichermaßen als Entfernungsmesser und Verbindungsmerkmal.

Neben den Tonbandaufnahmen und Briefen dient auch diese ‚mental map' Peter Henisch als Erinnerungsmedium für sein Buch. Daneben greift er noch auf die Fotografien des Vaters zurück.[128] Wie bereits gezeigt wurde, entspringen diese Fotografien sowohl der Arbeit des Vaters als Kriegs-, Propaganda-, Portrait- und Pressefotograf als auch den Privataufnahmen im Familien- und Bekanntenkreis. Die Fotografien, zunächst statische Motive, werden in der Erinnerungsarbeit imaginär begehbar. Zusammen bilden sie also einen medialen Raum der Erinnerung, anhand dessen ein Teil des Lebens Walter Henischs nachvollzogen werden kann.

---

127 Henisch, 2004, S. 115.

128 Vgl. Assmann, Erinnerungsräume, 2006, S. 218-221.

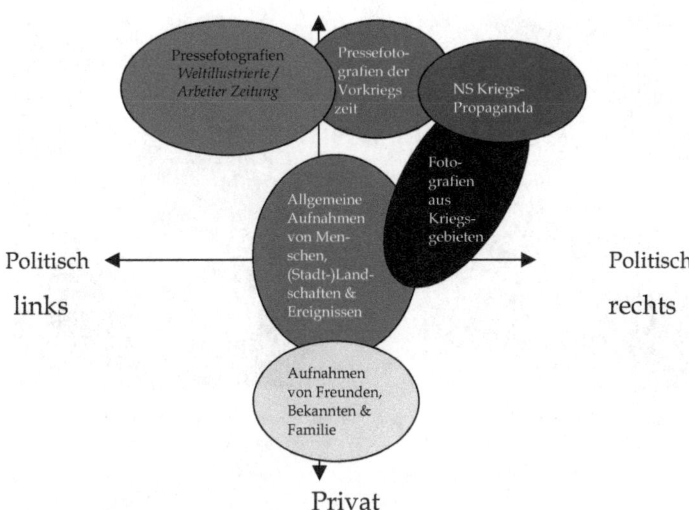

Abb. 5: Die Fotografien Walter Henischs: Ein medialer Raum der Erinnerung. Eigene Darstellung, erstellt anhand der Ausführungen Peter Henischs in seinem Werk *Die kleine Figur meines Vaters (2004).*

Abb. 6: Der Autor als Kind im Alter von drei Jahren (Henisch, 2004, S. 7).

Abb.7: Frauen auf dem Markt in Orel, Sowjetunion 1943 (Henisch, 2004, S. 263).

Abb. 8: Soldaten der deutschen Wehrmacht im Schnee 1941–43 (Henisch, 2004, S. 267).

Abb. 9: Sozialdemokratische Kundgebung zum 1. Mai, Wien 1956 (Henisch, 2004, S. 268).

5.3 Bernward Vespers *Die Reise*

5.1 Zum Untersuchungsgegenstand

Gemeinsam mit einem amerikanischen Juden namens Burton unternahm Vesper Ende der 1960er-Jahre eine Reise durch mehrere europäische Städte, die immer mehr zu einer Reise in die eigene Vergangenheit wurde. Ausgelöst wurde die Auseinandersetzung mit der Vergangenheit durch eine Frage Burtons: „Du hast gesagt, dein Vater war Nazi - wie äußerte sich das?"[129] Und so begann Vesper mit der Rekonstruktion der eigenen und der väterlichen Lebensgeschichte. Er erzählte Burton von seinem Plan, ein Buch zu schreiben:

> „Ich werde ein Buch schreiben, sagte ich zu Burton. The title of that book will be Hate. Ich hasse Dubrovnik. Ich hasse Deutschland. Ich hasse dieses herumrollende Gemüse. Ich hasse Autos. Ich hasse Straßen. Ich hasse Berlin. Ich hasse Kinder. Ich hasse meinen Vater. Ich hasse alle, die mich zur Sau gemacht haben [Ich hasse meine Lehrer] und so weiter 150-200 Seiten. Und irgendwo, um der Dialektik genüge zu tun, ich liebe mich - aber das sollte ja erst herausgefunden werden, oder ob es günstiger war, sich nach dieser Geschichte aufzuhängen?"[130]

Bernward Vesper, der diese beklemmenden Gedanken in seinen Vorarbeiten für *Die Reise* niederschrieb, wurde 1938 als Sohn des völkischen Dichters und überzeugten Nationalsozialisten Will Vesper und seiner Frau Rose, verwitwete Rimpau, geboren. Nach einem Leben voller Widerspruch und der verzweifelten Suche nach der eigenen Identität nahm er sich 1971 in der Psychiatrischen Universitätsklinik Hamburg-Eppendorf das Leben.[131]

Vesper wuchs mit seiner ein Jahr älteren Schwester Heinrike in einem streng bürgerlichen Elternhaus auf Gut Triangel im niedersächsischen Landkreis Gifhorn auf. Seine beiden Halbgeschwister aus der ersten Ehe seiner Mutter waren bei der Heirat seiner Eltern bereits erwachsen. Die patriarchalischen Familienstrukturen, insbesondere das schwierige Verhältnis zu seinem Vater, der auch nach

129 Vesper, 2003, S. 105; vgl. Lubich, 2001, S. 63.

130 Vesper, 2003, S. 20-21.

131 Ebd., S. 56.

1945 noch an der nationalsozialistischen Ideologie festhielt, prägten Vespers Kindheit und Jugendzeit bis ins Erwachsenenalter hinein:[132]

Im Jahre 1961 ging Vesper nach Tübingen, um dort Geschichte, Germanistik und Soziologie zu studieren. Zu Beginn seines Studiums war die Bewunderung für den Vater und die Identifikation mit ihm noch stark ausgeprägt. So verteidigte Vesper den ‚reaktionären Nationalismus' seines Vaters, indem er beispielsweise für dessen *Deutsche Reichspartei* warb oder noch 1962/63 versuchte, die Werke seines 1962 verstorbenen Vaters in einer Gesamtausgabe neu zu edieren. Unterstützt wurde er dabei von seiner Freundin Gudrun Ensslin, die ihn und den gemeinsamen Sohn Felix nach 7-jähriger Beziehung Ende der 1960er-Jahre verließ und Vesper in eine tiefe Sinnkrise stürzte.[133] Im Laufe seines Studiums distanzierte er sich mehr und mehr von seinem bürgerlichen Leben. Er engagierte sich in der Anti-Atom-Bewegung und bewegte sich politisch stark nach links. Vesper verkehrte nunmehr im „Milieu einer sich rasch entfaltenden linken Boheme, die durch ihre politischen Protestaktionen und anarchischen Lebensformen Aufsehen erregten."[134] Darüber hinaus hatte er auch Kontakte zu Andreas Baader, dem späteren Geliebten von Gudrun Ensslin, und Ulrike Meinhof, die später in den Untergrund gingen. Gegen Ende der 1960er-Jahre wurde er als Herausgeber der Voltaire-Flugschriften zu einem der führenden Köpfe der Außerparlamentarischen Opposition, der ‚Avantgarde der Studentenbewegung'.[135]

Von 1969 bis 1971 arbeitete Vesper an seinem autobiografisch geprägten Romanessay *Die Reise*, das angesichts seines Selbstmordes ein Fragment blieb. Dennoch wurde das Werk im Jahre 1977 veröffentlicht, löste starke Reaktionen aus und trieb die Meinungen auseinander. Die *Frankfurter Rundschau* und *Die Zeit* erklärten den Roman zum wichtigsten Buch des Jahres und die in Zürich erscheinende *Weltwoche* sprach vom *Nachlass einer ganzen Generation.* Heinrich Böll schrieb: „Nein, ‚wohltuend' ist diese Lektüre nicht, notwendig ist sie, nicht nur, weil sie Aufschlüsse gibt über das dumpfe Brüten in nazistisch verseuchten Küchen. Vesper gibt Auskunft über uns selbst, keine erfreuliche."[136] Mit seiner Autobiografie *Die Reise*

---

132 Schnell, 1993, S. 425–427; Vesper, 2003, S. 56.

133 Vesper, 2003, S. 37–40.

134 Lubich, 2002, S. 65.

135 Ebd., S. 64–65; vgl. Vogt, 1991, S. 89–91.

136 Zit. nach Vogt, 1991, S. 102.

verfolgte Vesper, ein überzeugter Marxist, vornehmlich zwei Ziele: Einmal ging es ihm um eine radikale Auseinandersetzung mit der deutschen (Nachkriegs-)Gesellschaft und den politischen Verhältnissen in der Bundesrepublik Deutschland, zum anderen versuchte er, sich mit der eigenen Lebensgeschichte auseinanderzusetzen. Sein Schreiben über die Kindheit und Jugendzeit bis 1961 war eng verbunden mit einem tiefen Eintauchen in die eigene Psychose, der Suche nach der eigenen Identität. Die Auseinandersetzung mit der Vergangenheit auf literarischer Ebene war außerdem der Versuch, aus der tiefgreifenden Existenz- und Orientierungskrise herauszukommen.[137]

Ursprünglich beabsichtigte Vesper, sein Buch *Der Hass* und dann *Logbuch* zu nennen, entschied sich letztlich aber für den Titel *Die Reise.* Er begründete diese Entwicklung mit den Worten: „Für mich heißt der Text *Die Reise* (was Trip zu deutsch ist), weil hier auf verschiedenen Ebenen gereist wird: Erstens die reale Erzählebene, die Reise von Dubrovnik nach Tübingen (da wird's enden). Zweitens der Trip München-Tübingen, drittens die Rückerinnerung."[138]

Diese drei Erzählebenen greifen formal, inhaltlich und zeitlich vielfach ineinander. Hinsichtlich der vorliegenden Untersuchung bildet die dritte Ebene, die im Buch als *Einfacher Bericht* bezeichnet wird, im Wesentlichen die Basis für eine analytische Betrachtung der geografisch gebundenen und metaphorischen Erinnerungsräume. Bedeutsam deshalb, weil Vesper in diesen *Einfachen Berichten* unter anderem über seinen Vater erzählt, dessen Verstrickung in den Nationalsozialismus thematisiert und die Folgen der (faschistoiden) autoritären Erziehung aufzeigt:

> „Der Aufstand geschieht gegen diejenigen, die mich zur Sau gemacht haben, es ist kein blinder Hass, kein Drang, zurück ins Nirwana, vor die Geburt. Aber die Rebellion gegen die zwanzig Jahre im Elternhaus, gegen den Vater, die Manipulationen, die Verführung, die Vergeudung der Jugend."[139]

Vespers Erzählungen über die Kindheit, Jugend, Schule, Fabrikjahre und Eltern ordnen sich in den *Einfachen Berichten* zu einer minimalen narrativen Struktur.[140] Die Schreibformen des Ich-Erzählers – Er-

---

137 Lubich, 2002, S. 64–65.

138 Vesper, 2003, S. 606; vgl. Komfort-Hein, S. 283.

139 Vesper, 2003, S. 55.

140 Komfort-Hein, 2001, S. 283.

zählen, Beschreiben, Erinnern und Reflektieren - verwischen sich vielfach. Hinsichtlich der temporalen Gestaltung der Texte hat Vesper eine Abstufung in eine Vergangenheits- und eine Gegenwartsebene vorgenommen. So wechselt er beim Erzählen vom Präteritum ins Präsens oder umgekehrt, wobei das Präteritum als Erzählform in den *Einfachen Berichten* dominiert.

> „Plötzlich steht meine Mutter vor uns im Park, sie sieht mein nasses Gesicht, sie fragt mich: ‚Was ist denn passiert?' [...] Oft versuchte ich gar nicht erst, Schularbeiten zu machen, der Morgen war dann die Hölle. ‚Hast Du sie, oder hast Du sie nicht?' fragte Herr Anklam vom Katheder herab."[141]

Das Erzählen ist häufig mit der direkten oder indirekten Rede durchsetzt. Diese Erzähltechnik soll dem Leser ein gewisses Maß an Authentizität suggerieren. Da eine nachträgliche Konstruktion der Vergangenheit nicht gänzlich authentisch sein kann, enthalten auch Vespers (auto-)biografisch geprägte Darstellungen fiktionale Elemente. Im Folgenden soll wie bei Meckel und Henisch der Raum den Hauptuntersuchungsgegenstand bilden.

5.3.2 Geografisch gebundene Räume

a) Haus und Raum

Das am Südrand der Lüneburger Heide gelegene Gut Triangel, wo Bernward Vesper wichtige Lebens- und Entwicklungsjahre verbringt, ist umgeben von Wald, Moor- und Weideflächen. Eingebunden in einer ländlichen Idylle bildet dieser Raum mit seinen traditionellen Strukturen einen elementaren Kontrast zum urbanisierten Leben, das Vesper erst als Erwachsener kennenlernt.[142] Bei seiner Reise in die eigene Vergangenheit erschließen sich von diesem Raum aus Erinnerungen, die Vesper mit eigenen Erfahrungen, Erlebnissen und retrospektiv erfahrenen Entbehrungen aus der Kindheit und Jugendzeit bis ins Erwachsenenalter auffüllt. Bernward Vespers Berichte über diese Zeit auf Gut Triangel gewähren auch einen Einblick in einen familiären Lebensraum, der unverbrüchlich mit der nationalsozialistischen Zeit verknüpft ist.[143]

---

141 Vesper, 2003, S. 136–137, 386.

142 Schnell, 1993, S. 426–427.

143 Vgl. Komfort-Hein, 2001, S. 279–280.

> „[Ich] spielte mit Trommeln und Papierhelm und erhielt ein Holzschwert. Photos. Ein Haus im Park. In der Halle das Spiel mit bunten Bauklötzen, die ich benagte, während die Mutter am Fenster am Nähtisch saß und stickte [...] wenn während der Nacht die Flieger kamen, aus Gifhorn die Alarmsirene über die verdunkelten Dörfer heulte."[144]

Vesper stellt die Beschäftigung mit Kriegsspielzeug als das Ergebnis einer vom Nationalsozialismus durchtränkten Erziehung dar. Zur sozialen Erfahrungswelt im ‚Dritten Reich' gehören damit auch die auf dem Gut tätigen russischen Kriegsgefangenen, die ihm beispielsweise ‚Schiffchen aus Holz' schnitzen und Vesper damit eine Freude bereiten:

> „Es waren Russen in der Stellmacherei, die mir Schiffchen schnitzten, auch Flugzeuge hinter Glas sah ich, und im August des Jahres 1944, als der Himmel blau und klar war, die silbernen Geschwader der Feinde hoch in der Luft, von weißen Wölkchen der Flak umspielt."[145]

So existiert neben dem Raum der scheinbar idyllischen Kindheit schon unweigerlich der Raum des Krieges, der durch eine Reihe von Erlebnissen an Gestalt gewinnt. Der Einsatz militärischer Flugzeuge, die über Gut Triangel fliegen, löst beispielsweise bei dem jungen Bernward Vesper auch Ängste aus:

> „Um das Haus waren Sandhaufen für den Luftschutz, auf dem Boden Feuerpatschen, es gab eine Schaukel, dort schaukelte ich, hoch, hoch, ein Gefühl der Stärke, der Lust. Und ich sollte, wenn ich groß würde, Soldat werden, aber ich wollte mich weder erschießen noch Arme oder Beine abschießen lassen noch meine Mutter verlassen, mein großer Halbbruder war in eine Mine geraten und hatte sich die Hand verstümmelt, mein anderer Schwager galt als vermißt, meine Neffen kamen in HJ-Uniform, mit Lederkoppel, Knoten und Klettweste. Das wollte ich vielleicht doch."[146]

Unverkennbar gerät Vesper hier in einen inneren Konflikt. Angesichts der (traumatisierten) Vorstellungen von Tod, Verstümmelungen und Elend erscheint ihm eine militärische Laufbahn nicht besonders erstrebenswert – eher bedrückend. Gleichzeitig fühlt er sich von der verführerischen Kraft, die von der Hitlerjugend ausgeht, in

---

144 Vesper, 2003, S. 56–57.

145 Ebd., S. 56.

146 Ebd., S. 59.

gewisser Weise angezogen. Auch hier sind die literarische Thematisierung des Nationalsozialismus und seine katastrophalen Folgen gegenwärtig.

Auch in der Nachkriegszeit wird Bernward Vespers Elternhaus zu einem Begegnungsraum überzeugter Nationalsozialisten. Zu den Gästen zählen beispielsweise Winifred Wagner und Hans Grimm, der Verfasser von *Volk ohne Raum*. Damit sind die entscheidenden Entwicklungsjahre Bernward Vespers von faschistoiden Sozialisationsbedingungen geprägt.[147]

Die Tatsache, dass er nach dem Abzug der deutschen Flüchtlinge, die nach Kriegsende auf Gut Triangel einquartiert worden sind, im Dachgeschoss des Hauses ein eigenes Zimmer erhält, gibt ihm ein Gefühl der Freiheit. Durch die neue Wohnraumsituation findet er scheinbar Raum und Zeit für persönliche Interessen:

> „In diesem Sommer zogen die letzten Flüchtlinge aus, am 30. Mai ziehen die Flüchtlinge weg / wir tragen ihr Gepäck / wir tragen ihr Gepäck, und ich bekam mein eigenes Zimmer, dessen Tür meine Mutter nachts nur einen Spalt breit öffnete, sie trat nicht ein, sie kam nicht mehr an mein Bett. [...] Hier konnte ich, wenn ich ins Bett gegangen war, ungestört lesen."[148]

Dieser kleine Bereich erhoffter individueller Selbstbestimmung wird schmerzlich durchbrochen, als Vespers Vater in Erfahrung bringt, dass sein Sohn Karl-May-Bücher liest und damit seine Zeit in selbstgewählten literarischen Räumen verbringt. Es kommt deshalb zwischen Vater und Sohn zu einem Streitgespräch, in dessen Verlauf der Vater kompromisslos diese Jugendlektüre, diesen von ihm nicht kontrollierbaren Raum verbietet:

> „Gib sofort diesen Dreck zurück, rief er [...]. Solange Du in diesem Hause bist, bestimme ich, was Du liest und was Du nicht liest, sagte mein Vater. Ich rannte raus und schmiß die Tür zu. Niemand kam mehr auf diesen Auftritt zurück, ich las einige Zeit überhaupt nicht mehr."[149]

Im Rückblick erscheint Bernward Vesper das Elternhaus kleinbürgerlich, durchdrungen von Disziplin und Ordnung. Angesichts der Dichte von Verhaltensvorschriften mangelt es an effektiven Impulsen und Unterstützungen für eine persönliche

147 Lubich, 2002, S. 64.

148 Vesper, 2003, S. 405.

149 Ebd., S. 382.

sen und Unterstützungen für eine persönliche Entfaltung im psychischen und sozialen Bereich. Diesen sozialen Bedingungen versucht Vesper zu entfliehen:

> „Ich möchte wissen, was sich meine Eltern bei diesem Haus gedacht haben. [...] Es gibt überhaupt keinen Platz, wo man sich wirklich hinsetzen kann, Stuhl oder so. Sie saßen alle kerzengerade auf nachgemachten und echten Biedermeiermöbeln (irgendein Schlosshern, in Loche, servierte einen beschissenen alten Ziegenkäse mit einem trockenen Salatblatt, aber sehr vornehm, das erzählte Gudrun [finde ich prima – ja, diese Salatblätter habe ich gefressen, bis ich zwanzig war und den Dreh fand, abzuhauen])."[150]

Ähnlich wie bei Meckel spiegelt sich die Kritik an der Familie in einer Kritik am Haus wider. Das Verlassen des Hauses entspricht dem ersten Versuch, sich dem Raum des Vaters zu entziehen.

Die Schule wird von Vesper als Raum der physischen und psychischen Gewalt wahrgenommen. So berichtet er in seinem Romanessay *Die Reise* über seine Probleme in der Schule und wie hilflos er sich dem schulischen Leistungsdruck, den Reglementierungen und den Hänseleien der Mitschüler ausgeliefert fühlt. Vergehen im schulischen Raum werden mit Schlägen und verbalen Demütigungen vor der Klasse bestraft. Vesper, von Natur aus sensibel und beeinflussbar, leidet unter dem schulischen Klima. Er selbst beschreibt sich als leistungsschwacher Schüler, der im Vergleich zu anderen Schülern oft schlechte Noten nach Hause bringt und Schwierigkeiten beim Lernen hat. Aus Angst und Respekt vor seinem Vater legt er meistens seiner Mutter die Klassenarbeiten zur Unterschrift vor. Dennoch teilt sie grundsätzlich die Erziehungsmethoden ihres Mannes, auch wenn die Mutter von Vesper weniger autoritär wahrgenommen wird.[151] Der Konsens in der Erziehung wird am folgenden Beispiel deutlich: So reagieren die Eltern mit drastischen Erziehungsmaßnahmen (Missachtung und Liebensentzug), als Vesper in der Schule gegen feste Regeln verstößt. Die Erinnerungen an dieses Erlebnis, verbunden mit einer emotionalen Verbannung aus dem familiären Raum, haben sich in Vespers Gedächtnis eingebrannt:

---

150 Ebd., S. 23.

151 Vgl. ebd., S. 127, 138, 285, 335.

„Meine Mutter sprach viele Tage lang nicht mit mir. […] Als Gäste bei Tisch fragten: ‚Warum ist er so schweigsam', antwortete mein Vater: ‚Wir haben keinen Sohn mehr.'"[152]

Es ist anzunehmen, dass gerade diese Form der Disziplinierung die Selbstsicherheit und das Selbstvertrauen Vespers zu schwächen vermochte.

Die ablehnende Haltung des Vaters gegenüber einer vom Sohn verehrten Mitschülerin kann Vesper als Kind nicht einordnen. Erst im Bewusstwerdungsprozess enthalten die antisemitischen Äußerungen des Vaters und das Verbot der Freundschaft eine konkrete Bedeutung:

„Auch sollten wir auf keinen Fall mit Karin Weiß sprechen. Und zu meiner Mutter sagte er, es wäre nur gut, das Weiß, der Emigrant, bald wieder verschwände, der Jude."[153]

Auch in der Jugendphase sucht Vesper nach Fluchtwegen aus bindenden Normen und Werten. Die Selbstbestimmung von Handlungsabläufen mit allen Risiken und Chancen sowie kameradschaftliche Beziehungen sollten sich mit gleichaltrigen Jungen vom Gymnasium in der Gruppe konkretisieren:

„[…] nach dem Beispiel der Gruppen, denen wir auf großer Fahrt begegnen, schaffen wir uns unsre eigene Gemeinschaft. Gemeinsam mit den andren Jungen der Schule bauen wir uns auf dem Dachboden einer Garage ein Pfadfinderheim, proben erste Formen einer Organisation. Wir müssen zusammen überlegen, wie wir uns Bretter und Steine beschaffen […]."[154]

Das selbsterbaute Pfadfinderheim stellt somit den Raum für ein selbstbestimmtes Gemeinschaftsleben außerhalb der Familie.

Nach dem Abitur 1959 beginnt Vesper eine zweijährige Lehre als Buchdrucker beim renommierten Braunschweiger Verlag Georg Westermann, einer Firma mit internationalen Beziehungen. In diesem sich neu eröffnenden Raum entfaltet er zunächst großes Interesse und Engagement:

„1959: Abitur und dann: 5 Uhr. Ich laufe aus dem Werktor der Firma Westermann, laufe über die Allee, zwischen zwei

152 Ebd., S. 137–138.

153 Ebd., S. 137.

154 Ebd., S. 532–533.

Dachschrägen die Abendsonne; ich mache einen Luftsprung: Ich bin frei! Ich habe die Schule hinter mir, das Dorf hinter mir, ich wohne in einem Zimmer. [...] Zum ersten Mal bin ich allein [...].[155]

Doch auch im Verlag wird Vesper mit strengen Vorschriften, Ordnung und Disziplin konfrontiert, die aus der Perspektive Vespers selbstständiges Handeln und Interaktionen weitgehend ausgrenzen. Diese Sozialisationsbedingungen und Reglementierungen wecken schmerzliche Erinnerungen an pädagogische Praktiken im Elternhaus und in der Schule:

„Schön als Lehrling hab' ich mich zu fügen; was ich werde, werde ich durch sie, und sie sind im Recht, wenn sie mich rügen - aber warum loben sie mich nie?"[156]

Die sozialen Rahmenbedingungen in diesem autoritär geführten Raum demotivieren Bernward Vesper stark. Außerdem interessieren ihn viele Tätigkeitsfelder nicht oder er kann sich mit den Arbeitsstrukturen nicht identifizieren. Aber Vesper wird auch klar, dass er nicht allen Anforderungen im Betrieb gerecht werden kann. Er fühlt sich in der Arbeitswelt nicht wirklich eingebunden und betrachtet sich - auch vom Habitus her - selbst als Außenseiter. Vespers Streben nach Freiheit, Selbstständigkeit und Individualisierung bleibt dabei illusorisch.[157]

Als Vesper während seiner Ausbildungszeit beim Verlag Georg Westermann schwer an Hepatitis erkrankt, muss er eine längere Genesungszeit einlegen. Erst nach Monaten darf er im Krankenhaus den ersten Besuch empfangen, seinen Vater. Diese Begegnung, verbunden mit emotionalen Bindungsbezeugungen des Vaters, vermitteln Vesper vage das (ersehnte) Gefühl von Nähe und Liebe in der Vater-Sohn-Beziehung. Dabei spiegelt sich die kurzfristig gewonnene emotionale Nähe auch auf physischer Ebene wider:

„[...] mein Vater stand am Kopfende des Bettes, Tränen in den Augen, eingefallen, um Jahrzehnte gealtert. ‚Ich habe mir Sorgen gemacht, sage er, mein Junge ...' Er nahm meine indischgelbe Hand. ‚Du mußt Dich schonen', sagte er. Ich starrte ihn an. War er es, der krank geworden war? Wie konnte ein Mensch in so kurzer Zeit so verfallen? Und zum

155 Ebd., S. 550.

156 Ebd., S. 551.

157 Vgl. ebd., S. 553-558.

ersten Mal in meinem Leben kam mir der Gedanke, dass mein Vater mich lieben könnte."[158]

Als der Vater ein Jahr später stirbt, ist Vesper sehr verzweifelt. Er hat Angst vor der Zukunft und sucht nun, nachdem der Vater tot ist, Halt in der Beziehung mit Gudrun Ensslin, die er gerade kennengelernt hat.

b) Das Dorf

Im Rahmen seiner Reise besucht Vesper das Dorf Triangel. Er empfindet nach Jahren der Rückkehr das soziale und kulturelle Leben dort als öd und leer. Die schweigende Begegnung mit Bewohnern des Dorfes, die Vesper von früher kennt, befremdet ihn. Er nimmt sie als wenig aufgeschlossen wahr. Sie würden, so drückt er es aus, „nicht einmal den Rahmen der bürgerlichen Erfahrungen ausschöpfen."[159] Für Vesper ruht das Dorf in festgefahrenen Strukturen, die keine soziokulturelle Anziehungskräfte und Perspektiven bieten:

> „[...] ruhend am Herzen des Reiches, der Freien Welt, des westdeutschen Imperialismus, 1000 Einwohner, Volksschule, keine Kirche, VW-Arbeiter-Siedlung, Torplattenfabrik, Dämmstoff-Werk, Bahnhof, Post, Pflegeheim der Inneren Mission, zehn Straßen, zwei Kneipen, gesegnet von Gott, geschaukelt im ewigen Nirwana der Jahrmillionen. Ein Dorf, drei Meter unter der Erde – es gibt einige Gründe dafür, dass die eine Reise hier endet, die andre von hier ausgehen wird."[160]

Vesper findet keinen Zugang mehr zum gesellschaftlichen Leben seines Heimatdorfes, in dem er aufwuchs. Es erscheint ihm eher fremd und zu eng. Hier werden die Parallelen zum Elternhaus, die innere Rebellion gegen die erfahrenen Grenzen der persönlichen Entfaltung und Entwicklung sehr deutlich. Vespers Schilderungen, sich mit anderen Kindern zusammenzuschließen, Dinge gemeinsam zu tun, stecken zunächst dennoch voller Energie:

---

158 Ebd., S. 558–559.

159 Ebd., S. 35.

160 Ebd., S. 19–20.

„[…] die Kinder vom Gut, die Hausbande, hockte mit den Dorfkindern herum, streifte mit ihnen durch die Dickichte […]"[161]

Doch schon früh lernt er die Klassenunterschiede kennen und sich gesellschaftlich von Menschen abzugrenzen, die nicht den Normen und Werten einer Gesellschaft entsprechen, mit denen sich die Eltern identifizieren. Habitus, Werte, Anstandsregeln und Verhaltensmuster der Kinder des Gutes unterscheiden sich fundamental von denen des Dorfes.[162] Damit werden zwei geografisch gebundenen Räumen zwei metaphorische Räume zugeordnet. Der eine Raum wird durch gleiche Alterszugehörigkeit (‚das Dorf'), der andere durch gleiche Klassenzugehörigkeit (‚das Gut') bestimmt. So geht die Forderung der Familie, sich dem nicht ‚standesgemäßen' Raum zu entziehen, anscheinend auch mit dem Verbot einher, im Dorf zu spielen:

„Deine Mutter und ich glauben nicht, dass das der richtige Umgang für Dich ist, es sind sicher einige anständige Kinder darunter, und Du kannst jeweils zwei oder drei einladen, aber sonst sehen wir es nicht gerne."[163]

Erst als Erwachsener macht sich Vesper bewusst, dass Erfahrungen und Erlebnisse mit den Kindern des Dorfes, gemeinsame Abenteuer und auch Rivalitäten zwischen der ‚Hausbande des Gutes' und der ‚Dorfbande', seine soziale Kinderwelt als eigenständigen Raum nicht gefährdet hätten. Im Gegenteil, diese sozialen Bedingungen hätten Vesper Entwicklungsanstöße geben und seine Selbstständigkeit fördern können.

c) Raum aus nationalsozialistischer Sicht: Ein Dialog zwischen Will und Bernward Vesper

Statt die Auseinandersetzung mit der nationalsozialistischen Vergangenheit zu suchen, leugnet Vespers Vater die Dimensionen des Holocaust und distanziert sich augenscheinlich von jeder persönlichen (Mit-)Verantwortung:

---

161 Ebd., S. 369.

162 Ebd., S. 369.

163 Ebd., S. 369–373.

„,Wenn es KZ's gegeben hat, dann die, in die die Briten in Südafrika die Buren sperrten', sagte er. ,Also gab es gar keine KZ's', sagte ich, ,aber hat nicht Goebbels Hans Grimm gedroht, ihn in ein KZ zu sperren?' ,Das waren Besserungsanstalten, jedes Volk muss sich in einem solchen Kampf gegen Triebverbrechen, Massenmörder, Defaitisten abschirmen.' […] ,6 Millionen?' rief er, ,in ganz Deutschland gab es höchstens ein paar Hunderttausend.' ,Wieso stellten sie dann eine Gefahr dar?' fragte ich. ,Weil sie die Macht hatten.' sagte er, ,sie beherrschten alles, die Banken, die Kaufhäuser, das Kulturleben, niemand konnte etwas werden, der nicht Jude war.' ,Man hat sie doch nicht getötet, als sie die Macht hatten', sagte ich. ,Habe ich vielleicht auch nur einen einzigen Juden getötet? Ich habe nicht einmal dafür plädiert, sie zu töten. Man hätte sie ausweisen sollen.'"[164]

Die Konzentrationslager will Vespers Vater nicht erinnert wissen. Dabei geht er jedoch weiter als Walter Henisch. So leugnet er ihre Existenz, statt sie nur zu einem Tabuthema zu erklären. Den Juden, die seiner Meinung nach einen Großteil der raumrelevanten ,deutschen' Handlungen mit ihrer Macht kontrolliert hatten, wirft er vor, ,deutschen' Raum bedroht zu haben. Diese radikale verbale Reaktion auf die Fragen seines Sohnes entspringt seiner nationalsozialistischen Einstellung:

„,Ich denke nicht daran!' rief mein Vater. ,Ich lasse mich nicht entnazifizieren! Die Alliierten sind schuld am Krieg!'"[165]

Bernward Vespers Vater nimmt das Deutschland der (Vor-)Kriegsjahre also als von ,anderen' Völkern bedrohten Raum wahr. Der Zweite Weltkrieg bildet für ihn damit kein Ereignis, in welchem sich Deutschland ,fremder' Räume bemächtigt hat, sondern eine Notwendigkeit für den Schutz des ,vaterländischen' Raumes.

„Am Anfang waren die Terrorangriffe und die Vertreibung, am Ende war das Schanddiktat von Versailles. Am Anfang die Einkreisung Deutschlands durch Entente, am Anfang standen Neid, Hass, Missgunst der anderen Völker, die den

---

164 Ebd., S. 485, 487.

165 Ebd., S. 449.

Deutschen nicht den Platz an der Sonne gönnten, sagte er […].“[166]

5.3.3 Die Familie als metaphorischer Raum

Die Familie als Sozialisationsinstanz hat einen erheblichen Anteil an der Entwicklung des Kindes, indem die Vermittlung von Werten und Normen in der Familie grundsätzlich abhängig ist von den gesellschaftlichen Bedingungen sowie den Persönlichkeitsstrukturen und Erziehungsstilen der Eltern. Diese Elemente beeinflussen die Entfaltung und Entwicklung eines Kindes maßgeblich.[167]

Im Rückblick ist es sicher leichter, die Dimensionen und/oder Begrenzungen der individuellen Persönlichkeit zu erkennen. Vesper erinnert sich, dass sein festgefügtes Weltbild erste Risse erhält, als er bei einem Aufenthalt auf der Jugendburg Ludwigstein Wolfgang Ruttkowski, einen Germanistikstudenten, kennenlernt. Die Burg wird für ihn zu einem Raum der Offenbarung. So sensibilisieren die dort geführten politischen Diskussionen Vesper für eine zumindest theoretische Auseinandersetzung mit dem Vater und der eigenen Geschichte:

> „‚Warum reitest Du diese harte deutschnationale Welle?‘ […] ‚Warum verbeißt Du Dich in diese ganze nationalistische Scheiße? Sieh doch, das bist doch gar nicht Du, Du bist doch ganz anders.‘ […] und während er weitersprach ‚Aus Dir spricht doch nur Dein Vater, Du darfst dich nicht so verhärten …‘ stieg dieses Gefühl an, daß sich irgend etwas in mir auflöste, daß eine Veränderung in mir vorging, die mich von allem, was ich bisher gewesen war, trennte, die sich nicht im Kopf vollzog, wo ich die Argumente, die mein Vater benutzte, längst widerlegt hatte […] (Ich weiß nicht mehr weiter, ich weiß, daß ich das, was ich war, nicht mehr sein will; ich weiß, daß ich es nicht einfach aufgeben kann, ohne mich aufzugeben, ich will mich nicht verlieren).“[168]

Obwohl ihn die Gespräche nachdenklich stimmen, gelingt es Vesper nicht, den Weg der Selbstbestimmung zu gehen. Vielmehr trennt er sich ohne jeglichen Widerspruch von seinem Jugendfreund, als sein Vater dies in ungebrochener Dominanz von ihm verlangt. Vesper bleibt somit – ohne Selbstwertgefühl – in der Abhängigkeit des Va-

166 Ebd., S. 487.

167 Vgl. Komfort-Hein, 2001, S. 280; Kreppner, 1991, S. 321–324.

168 Vesper, 2003, S. 529–530.

ters, d. h., seine Geschichte begrenzt sich vorrangig auf den Raum des Vaters, der in der „bürgerlichen Familienstruktur die gesellschaftliche Repression und die metaphysische Autorität verkörpert."[169] Die Dimensionen der familiären Strukturen, die Übermacht des Vaters artikuliert Vesper wie folgt:

> „Und Gott war mein Vater und mein Vater war Gott, morgen früh, wenn Gott ‚will', wirst Du wieder geweckt, mein Vater hieß Will. Alle, die an Gott glaubten, waren Brüder in Gott, weil sie Kinder eines Gottes waren, an den sie gemeinsam glaubten, der sie seine lieben Kinder nannte."[170]

Die Reise dokumentiert auch die Rebellion gegen die autoritären (preußischen) Erziehungspraktiken der Eltern, die persönliche Bedürfnisse und Erfahrungsräume in der Kindheit und Jugend weitgehend ausklammern.[171] So widersetzt sich Vesper teilweise den Regeln, die in dem von den Eltern gestalteten familiären Raum gelten. Über die erfahrene Lebenswelt, die negativen Konsequenzen von Gehorsam, Disziplin und Anpassung erzählt Vesper Folgendes:

> „Wenn ich schmutzig war, wenn ich unordentlich war, wenn ich nicht jeden Befehl, den ich erhielt, mit den Worten ja, verstanden wiederholte, wie das beim preußischen Militär üblich, das für die dort herrschende Ordnung in der ganzen Welt berühmt und gelobt - wie könnte dann je im Leben etwas aus mir werden."[172]

Angesichts des Generationenkonfliktes, der in der 68er-Bewegung zum Ausdruck kommt, sind Vespers Berichte über den Umgang mit der nationalsozialistischen Vergangenheit im familiären Raum von Interesse. Demnach hat Vesper schon als Jugendlicher versucht, die Politik der Nationalsozialisten hinsichtlich der Judenverfolgung und -vernichtung im ‚Dritten Reich' kritisch zu hinterfragen. In Streitgesprächen zwischen Vater und Sohn wird der Antisemitismus des Vaters noch einmal besonders deutlich, der sein Handeln und die Ideologie der Nationalsozialisten gegenüber seinem heranwachsenden Sohn zu rechtfertigen versucht. Dabei greift er auf klassische Stereotype des Antisemitismus zurück: etwa die angebliche interna-

169 Vogt, 1991, S. 98; vgl. Hubert, 1992, S. 347.

170 Vesper, 2003, S. 377.

171 Vgl. Liegle, 1991, S. 222–223.

172 Vesper, 2003, S. 335–336.

tionale Verschwörung des Judentums und die propagierte Behauptung, die Juden hätten Deutschland den Krieg erklärt.[173]

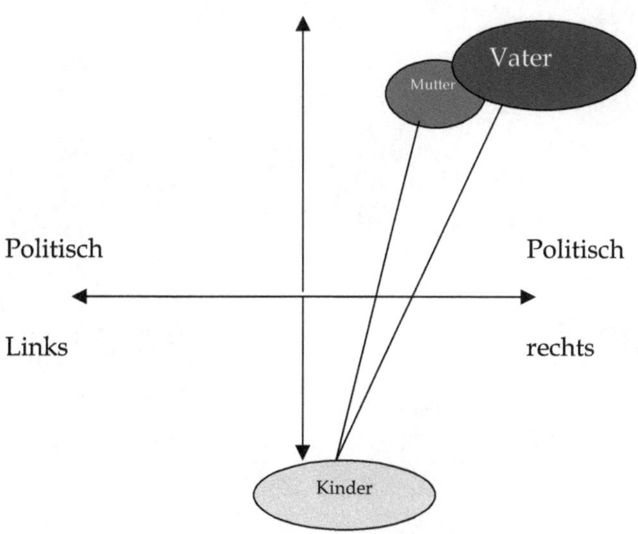

Abb. 10: Der familiäre Raum in der Nachkriegszeit: Familie Vesper. Eigene Darstellung, erstellt anhand der Ausführungen in Bernward Vespers *Die Reise*.

In der Rückerinnerung macht Vesper die patriarchalische Struktur, die fehlende Wärme und Geborgenheit in der Familie für seine persönlichen Probleme verantwortlich. Die Ursachen der psychischen Instabilität und Abhängigkeit vom Vater, seine Hassliebe zu ihm, hat er aber lange Zeit verdrängt.[174]

---

173 Ebd., S. 482–487; vgl. Benz, 1997, S. 50–59.

174 Vgl. Hurrelmann, 2002, S. 158–163.

Der Versuch des Autors, durch autobiografisches Schreiben aus der persönlichen Lebenskrise herauszukommen, nimmt durch seinen Selbstmord ein tragisches Ende. Die Ursachen für die gescheiterten Befreiungsabsichten von der persönlichen und politischen Vergangenheit, von der komplexen Abhängigkeit des Vaters, die ihm schmerzlich bewusst wird, sind wohl im psychischen Bereich zu suchen.

6. Schlussbetrachtung

Eine Auseinandersetzung mit der nationalsozialistischen Vergangenheit Deutschlands wurde auf nationaler Ebene in erster Linie durch die 68er-Generation eingeleitet. Dabei nahm diese die vorausgegangene Generation größtenteils als Generation der Täter wahr, von der es sich zu distanzieren galt. Dieser genealogische Bruch fand jedoch vor allem auf gesamtgesellschaftlicher Ebene statt, während innerhalb der Familie meist ein positives Erinnerungsbild tradiert wurde. In den 1970er- und 1980er-Jahren setzte sich die sogenannte ‚Väterliteratur' mit diesem Generationenkonflikt auseinander. Sie war geprägt durch die ‚Neue Subjektivität' der 1970er-Jahre und verfolgte somit ein erhöhtes Maß an Authentizität. In ihr formulierte sich der genealogische Bruch auf familiärer Ebene. Gleichzeitig wurde in diesen Erzählungen jedoch auch der Versuch der Töchter oder - wie in den hier behandelten Beispielen - der Söhne deutlich, eine Annäherung an den Vater erreichen zu können.

Die hier behandelten Fallbeispiele weisen sowohl autobiografische als auch biografische und fiktive Merkmale auf. Indem die Autoren jedoch ihren Konflikt mit dem Vater, dessen Lebensgeschichte eng mit der eigenen verflochten ist, in den Vordergrund der Erzählung stellen, stellt das autobiografische das dominierende Element dar. Die verschiedenen Autoren bedienen sich dabei verschiedener Erinnerungsquellen, die sie teilweise hinsichtlich ihres Wahrheitsgehaltes hinterfragen und schließlich selektiert und geordnet dem Leser präsentieren.

Die Beweggründe für eine Auseinandersetzung mit der Geschichte des Vaters gestalteten sich unterschiedlich. So wollte Christoph Meckel, nachdem er die Kriegstagebücher seines bereits verstorbenen Vaters entdeckt hatte, die ‚Unwahrheiten' und Lücken der in der Familie tradierten Kriegserinnerungen aufdecken. Dagegen bildeten für Peter Henisch sein eigenes fortgeschrittenes Alter und der bevorstehende Tod des Vaters den Ausgangspunkt für seinen (auto-)biografischen Roman. Damit ist er der Einzige, der seine Recherchen noch vor dem Tod des Vaters begann und somit auch dessen Erinnerungen ‚direkt' in seine Ausführungen mit einbauen konnte. Bernward Vesper versuchte hingegen, sich mit sozialen und politischen Ereignissen der Vergangenheit und Gegenwart sowie mit persönlichen Konflikten auseinanderzusetzen. Seine *Reise* findet somit auf drei Ebenen statt, wobei die Ebene der Rückerinnerung, die im

Buch als *Einfacher Bericht* bezeichnet wird, für die vorliegende Untersuchung interessant war, weil darin der Konflikt mit dem Vater und die eigenen Kindheits- und Jugenderinnerungen bis 1961 thematisiert werden.

Die Rolle der jeweiligen Väter während des Nationalsozialismus gestaltet sich ebenfalls unterschiedlich. Während Eberhard Meckel als Schriftsteller die ‚Innere Emigration' vollzog, war Will Vesper als NS-Autor tätig (vgl. Abb. 3). Walter Henisch, zu Kriegszeiten ein NS-Propagandafotograf, stellte sich in der Retrospektive dagegen eher als Opportunisten dar.

Doch auf welche Weise kann man als Leser den Erinnerungstopografien der Väter und Söhne folgen, wenn ein Merkmal der kulturellen Topografie ihre Umsetzung in eine tatsächliche Bewegung ist? Die Umsetzung kann nicht nur real, sondern auch imaginär erfolgen. Dabei kann der Leser anhand der verschiedenen Räume die von den Autoren schriftlich tradierten, selektierten und retrospektiv gedeuteten Erinnerungen nachvollziehen. Neben der Zuordnung von Ereignissen zu Räumen können den Räumen noch weitere unterschiedliche Funktionen zukommen, die ich im Folgenden anhand einiger Beispiele erläutern werde.

In Bezug auf die Räume können beispielsweise die erinnerten Eigenschaften und Einstellungen der jeweiligen Charaktere wiedergegeben werden. So deutet die Beschreibung von Eberhard Meckels Heimat inhaltlich auf dessen kleinbürgerlichen Ursprung und stilistisch auf dessen Sammel- und Ordnungsleidenschaft hin. Die dargelegten Bedeutungen des heimatlichen und literarischen Raumes verweisen außerdem unter anderem auf Eberhard Meckels Hang zur ‚Inneren Emigration'. Anhand des familiären Raumes kann der Leser des Weiteren dessen kriegsbedingtes Verhalten in der Nachkriegszeit nachvollziehen. Dabei ist jedoch anzumerken, dass die stark autoritär ausgerichtete Erziehung der Kinder auch auf die ebenfalls autoritär erfolgte Erziehung des Vaters zurückgeführt werden könnte. In Peter Henischs Roman zeugt schließlich die Darstellung des Raumes hinter der Kamera von Walter Henischs Einstellung zum Leben im Allgemeinen sowie zum Krieg im Besonderen. Seine Fotografien spiegeln außerdem dessen ambivalentes Verhältnis zur nationalsozialistischen Ideologie wider. Dagegen wird Will Vespers nationalsozialistische Einstellung und sein Autoritätsglaube sowohl im familiären Raum als auch auf Gut Triangel deutlich.

Des Weiteren können verschiedene Räume mit verschiedenen Lebensstationen in Verbindung gebracht werden. So vollzieht sich Eberhard Meckels Militärkarriere parallel zu einigen seiner Stationierungswechsel. Die Lebensentwicklung des Walter Henisch kann schließlich anhand seiner wechselnden Wohnunterkünften nachvollzogen werden, während seine Fotografien - angeordnet im medialen Raum der Erinnerung - Auskunft über seine beruflichen Stationen geben.

Räume können außerdem genutzt werden, um Abgrenzungen und Gegensätze deutlich zu machen. Christoph Meckel nutzt dieses Mittel beispielsweise - wie an der Eingangsszene deutlich wurde -, um zu zeigen, wie die Erinnerung an einen Raum - in diesem Fall Berlin - gleichzeitig Nähe und Abgrenzung zum Vater verdeutlichen kann. Des Weiteren bedient er sich der Räume, um Kritik an dem Verhalten seines Vaters während des Nationalsozialismus zu äußern. So stellt er beispielsweise dem Autoren-Netzwerk seines Vaters Autoren des Widerstandes und dem Haus seines Vaters in Berlin ein (Nachbar-)Haus des Widerstandes entgegen. Hiermit teilt Christoph Meckel retrospektiv das räumliche Umfeld seines Vaters in zwei Räume: den Raum nationalsozialistischer Anpassung und den Raum des Widerstandes. Eine andere Auffassung von Raumgrenzen haben dagegen die jeweiligen Väter. So schildert zwar auch Walter Henisch auf den von seinem Sohn transkribierten Tonbandaufnahmen einen Raum des Widerstandes, doch richtet sich dieser nicht gegen den Nationalsozialismus, sondern gegen die englische Besatzungsmacht. An derartigen Beispielen wird deutlich, wie Peter Henisch in seinem Werk *Die kleine Figur meines Vaters* weitaus stärker als Christoph Meckel die Erinnerungsperspektive seines Vaters in seinen Ausführungen mit einbezieht, aufgrund der Tonbandaufnahmen jedoch auch mit einbeziehen kann. Dementsprechend kann ebenfalls gezeigt werden, wie Walter Henisch seine Stellung im Krieg hinsichtlich zweier *Seiten* positioniert, wobei er der einen den eigenen Raum und der anderen den Raum des Gegners zuordnet. Ziel beider Seiten ist dabei die Einnahme des jeweiligen feindlichen Raumes. Davon zeugen - ohne es jedoch direkt zu benennen - ebenfalls die Berichte über Eberhard Meckels Stationierungen in Polen. In einem erinnerten Dialog stellt schließlich auch Bernward Vesper seinen Vater als einen Menschen dar, der den ‚deutschen' Raum von den Räumen seiner ‚Gegner' abgrenzt. Im Unterschied zu den vorausgegangenen Beispielen behält Will Vesper diese radikale Einstellung jedoch auch nach dem noch Krieg bei.

Mithilfe von Räumen kann seitens der Söhne außerdem der Versuch unternommen werden, sich dem Raum des Vaters zu nähern. So erinnert sich Christoph Meckel an die gemeinsamen Ausflüge in die Natur, in der er jedoch gleichermaßen die von ihm empfundene Fremdheit zu seinem Vater herausstellt. Die Annäherung Peter Henischs an seinen Vater erfolgte dagegen noch während der Entstehungsphase seines Werkes, indem er zeitweilig den Raum seines Vaters hinter der Kamera einnahm. Während Christoph Meckel jedoch schon als Kind keinen Zugang zu seinem Vater finden konnte, distanzierte sich Peter Henisch erst während seiner Pubertät von seinem Vater, dem er sich in der Entstehungsphase des Buches wieder annähern wollte. Dagegen besteht die von Bernward Vesper empfundene Nähe zu seinem Vater, die er retrospektiv als etwas Negatives darstellt, ausschließlich in der Erinnerung an die bis in die Anfänge der 1960er-Jahre weitgehend geteilte Ideologie.

Räume sowie Orte können des Weiteren als Erinnerungsauslöser dienen. Am deutlichsten stellt dies Peter Henisch heraus. So schildert er, wie er samt Kamera die Orte seiner Kindheit bzw. Räume der ‚Gegenwart' aufsucht und dort unerwartet mit Rückerinnerungen konfrontiert wird. Bernward Vesper begibt sich schließlich während seines Erinnerungsprozesses unter anderem auch zu den Orten seiner Kindheit und Jugend.

Zuletzt sind noch die Räume zu nennen, die die Väter aus der Erinnerungstradierung herausgehalten haben wollten, die von den Söhnen aber nichtsdestotrotz angesprochen wurden. So spricht Peter Henisch seinen Vater sowohl auf die Warschauer Ghettos als auch auf die Konzentrationslager an, wobei der Vater eine Diskussion über die KZs verweigert. Noch weiter geht Will Vesper, der in einem Dialog mit seinem Sohn gar die Existenz derartiger Lager leugnet. Bei Christoph Meckel hat ein bezüglich des Nationalsozialismus konflikthaltiger Dialog mit seinem Vater kaum stattgefunden, da er dessen Erinnerungstradierungen erst nach dessen Tod hinterfragt. Doch auch er widmet sich in seinem Buch Räumen, die von der Tradierung ausgeschlossen oder umgedeutet worden sind, indem er die Kriegstagebücher seines Vaters in seine Ausführungen direkt und indirekt mit einbezieht.

Erinnerungen können also anhand von Räumen nachvollzogen werden. Dabei stellen die in dieser Arbeit behandelten Erinnerungstopografien jedoch keine vollständige Wiedergabe objektiver und ‚wahrer' Erinnerungen dar. So weisen Erinnerungen stets unzuverlässige Elemente auf und können nur eine, jedoch keine universale Wahrheit darstellen. Daneben wirkt der Autor außerdem - einem Kartografen ähnlich - generalisierend, auswählend, klassifizierend, bewertend, vereinfachend, hervorhebend und zusammenfassend auf sein Werk und damit auf die von ihm dargestellten Räume ein.

Das Thema dieser Arbeit verweist jedoch auch auf weitere mögliche Untersuchungsfelder. So könnte es beispielsweise von Interesse sein, die hier dargestellten Erinnerungstopografien der ‚Väterliteratur' mit denen der ‚Familienromane' zu vergleichen. Ein weiteres Untersuchungsfeld würde sich für den hier vernachlässigten Gender-Aspekt ergeben. So wäre zu fragen, ob bzw. inwiefern sich im Hinblick auf dieses Thema die Vorgehensweise der Autoren von der der Autorinnen unterscheidet? Welche Räume und Orte werden in Meckels und Henischs Erzählungen über ihre Mütter dargestellt, welche Bedeutung kommt ihnen zu und welche Funktionen üben sie aus?

7. Literaturverzeichnis

Lexika:

Brockhaus in drei Bänden: Band 1, Augsburg 2000.

Brockhaus in drei Bänden: Band 2, Augsburg 2000.

Der Brockhaus in einem Band: 9. Auflage, Leipzig 2000.

Leser, Hartmut et al: DIERCKE - Wörterbuch Allgemeine Geographie, 12. Auflage, München 2001.

Von Wilpert, Gero: Sachwörterbuch der Literatur, 7. Auflage, Stuttgart 1989.

Internetquellen:

Stadt Wien (Hrsg.): Wiener Stadtplan.

http://www.wien.gv.at/stadtplan/spread.asp?lang=de, 27.02.2008

Primärliteratur:

Bruhns, Wibke: Meines Vaters Land, 4. Auflage, Berlin 2006.

Henisch, Peter: Die kleine Figur meines Vaters, St. Pölten und Salzburg 2004.

Himmler, Katrin: Die Brüder Himmler. Eine deutsche Familiengeschichte, Frankfurt am Main 2007.

Meckel, Cristoph: Suchbild. Über meinen Vater, Frankfurt am Main 2005.

Vesper, Bernward: Die Reise, Reinbeck bei Hamburg, 6. Auflage, 2003.

Sekundärliteratur:

Assmann, Aleida: Erinnerungsräume, 3. Auflage, München 2006.

dies.: Generationsidentitäten und Vorurteilsstrukturen in der neuen deutschen Literatur. Wiener Vorlesungen, Wien 2006.

dies.: Der lange Schatten der Vergangenheit. Erinnerungskultur und Geschichtspolitik, München 2006.

Assmann, Jan: Das kulturelle Gedächtnis. Schrift, Erinnerung und politische Identität in frühen Hochkulturen, München 1992.

Bachmann-Medick, Doris: Cultural turns, Hamburg 2006.

Beilfuß, Wilfried: Der literarische Rezeptionsprozeß. Ein Modell, Frankfurt am Main 1987.

Benz, Wolfgang: Der Holocaust, 3. Auflage, München 1997.

Blasberg, Cornelia: Geschichte als Palimpsest. Schreiben und Lesen über die „Kinder der Täter", in: Deutsche Vierteljahrs Schrift. Für Literaturwissenschaft und Geistesgeschichte, Stuttgart und Weimar 2002, S. 464–495.

Böhme, Hartmut: Einleitung: Raum - Bewegung - Topographie, in: ders. (Hrsg.), Topographien der Literatur. Deutsche Literatur im transnationalen Kontext, Stuttgart 2005, S. 3–11.

Bourdieu; Pierre: The Berber House, in: Low, S. M. & Lawrence-Zúñiga, D.: The Anthropology of Space and Place. Locating Culture, Singapore 2006.

Bruner, Jerome S.: Vergangenheit und Gegenwart als narrative Konstruktion, in: Straub, J. (Hrsg.), Erzählung, Identität und historisches Bewusstsein. Die psychologische Konstruktion von Zeit und Geschichte. Erinnerung, Geschichte, Identität 1, Frankfurt am Main 1998, S. 46–80.

de Certeau, Maurice: Praktiken im Raum, in: Dünne, J. & Günzel, S. (Hrsg.), Raumtheorien. Grundlagentexte aus Philosophie und Kulturwissenschaften, Frankfurt am Main 2006, S. 343–353.

Dittmar, Norbert: Transkription, Wiesbaden 2004.

Erll, Astrid: Kollektives Gedächtnis und Erinnerungskulturen, Stuttgart 2005.

Erll, Astrid: Kollektives Gedächtnis und Erinnerungskulturen, in: Nünning, A. & Nünning, V. (Hrsg.), Konzepte der Kulturwissenschaften, Stuttgart 2003, S. 156–187.

Fuchs-Heinritz, Werner: Biographische Forschung, 3. Auflage, Wiesbaden 2005.

Fulda, Daniel: Venedig, Wien, Paris, Leipzig. Komödienästhetik als Kulturtopographie. Internationale Referenzen und innerdramatische Raumbildung im Streit zwischen norddeutschen Reform- und Wiener Spaßtheater, in: Böhme, H. (Hrsg.), Topographien der Literatur. Deutsche Literatur im transnationalen Kontext, Stuttgart 2005, S. 264–290.

Gergen, Kenneth J.: Erzählung, moralische Identität und historisches Bewußtsein. Eine sozialkonstruktionistische Darstellung, in: Straub, J. (Hrsg.), Erzählung, Identität und historisches Bewußtsein. Frankfurt am Main, 1998, S. 170-202.

Grünzweig, Walter: Peter Henisch - eine biographische Skizze, in: Grünzweig, W. & Fuchs, G. (Hrsg.), Peter Henisch, Graz 2003, S. 217–239.

Hackl, Erich: Zwischen Sein und Schein, in: Grünzweig, W. & Fuchs, G., (Hrsg.), Peter Henisch, Graz 2003, S. 165–168.

Hermann, Michael & Leuthold, Heinrich: Einsatz von kartographischen Methoden und GIS zur Analyse und Visualisierung mehrdimensionaler Strukturen in den Sozialwissenschaften, in: Schmidt, B. & Uhlenküken, C. (Hrsg.), Visualisierung raumbezogener Daten: Methoden und Anwendungen, Münster 2000, S. 77–92.

Hubert, Martin: Politisierung der Literatur - Ästhetisierung der Politik. Eine Studie zur literaturgeschichtlichen Bedeutung der 68er-Bewegung in der Bundesrepublik Deutschland, Frankfurt am Main 1992.

Hurrelmann, Klaus: Einführung in die Sozialisationstheorie, 8. Auflage, Weinheim und Basel 2002.

Jureit, Ulrike: Generationenforschung, Göttingen 2006.

Kenkel, Konrad: Der lange Weg nach innen. Väterromane der 70er und 80er Jahre: Christoph Meckel *Suchbild. Über meinen Vater* (1980), Elisabeth Plessen *Mitteilungen an den Adel* (1976) und Peter Härtling *Nachgetragene Liebe* (1980), in: Brauneck, M.

(Hrsg.), Der deutsche Roman nach 1945, Bamberg 1993, S. 167–187.

Kinder, Hermann & Hilgemann, Werner: dtv-Atlas Weltgeschichte, 2. Auflage, München 2001.

Knox, Paul L. & Marston, Sallie A.: Humangeographie, Berlin 2001.

Kreppner, Kurt: Sozialisation in der Familie, in: Hurrelmann, K. & Ulich, D. (Hrsg.), Neues Handbuch der Sozialisationsforschung, 4. Auflage, Weinheim und Basel 1991, S. 321–334.

Komfort-Hein, Susanne: Flaschenposten und kein Ende des Endes. 1968: Kritische Korrespondenzen um den Nullpunkt von Geschichte und Literatur, Freiburg im Breisgau 2001.

Liegle, Ludwig: Kulturvergleichende Ansätze in der Sozialisationsforschung, in: Hurrelmann, K. & Ulich, D. (Hrsg.), Neues Handbuch der Sozialisationsforschung, Weinheim und Basel 1991, S. 215–230.

Lobsien, Eckhard: Landschaft in Texten. Zu Geschichte und Phänomenologie der literarischen Beschreibung, Stuttgart 1981.

Low, Setha M. & Lawrence-Zúñiga, Denise: The Anthropology of Space and Place. Locating Culture, Singapore 2006.

Löw, Martina: Raumsoziologie, Frankfurt am Main 2001.

Lubich, Frederick A.: Wendewelten. Paradigmenwechsel in der deutschen Literatur- und Kulturgeschichte nach 1945, Würzburg 2002.

Martinez, Matias & Scheffel, Michael: Einführung in die Erzähltheorie, 7. Auflage, München 2007.

Mauelshagen, Claudia: Der Schatten der Väter. Deutschsprachige Väterliteratur der siebziger und achtziger Jahre, Frankfurt am Main 1995.

Meurer, Ulrich: Topographien. Raumkonzepte in Literatur und Film der Postmoderne, München 2007.

Mülder-Bach, Inka: Räume der Literatur. Einleitung, in: Böhme, H. (Hrsg.), Topographien der Literatur, Deutsche Literatur im transnationalen Kontext, Stuttgart 2005, S. 403–407.

Reiter, Margit: Die Generation danach. Der Nationalsozialismus im Familiengedächtnis, Innsbruck 2006.

Rosenthal, Gabriele: Erlebte und erzählte Lebensgeschichte. Gestalt und Struktur biographischer Selbstbeschreibungen, Frankfurt am Main 1995.

Sarkowsky, Katja: AlterNative Spaces. Constructions of Space in Native American and First Nations' Literatures, Heidelberg 2007.

Schneider, Jost: Einführung in die moderne Literaturwissenschaft, 2. Auflage, Bielefeld 1998.

Schnell, Ralf: Geschichte der deutschen Literatur seit 1945, Stuttgart 1993.

Siegert, Bernhard: Repräsentationen diskursiver Räume. Einleitung, in: Böhme, H. (Hrsg.), Topographien der Literatur. Deutsche Literatur im transnationalen Kontext, Stuttgart 2005, S. 3–11.

Spooren, Dagmar: Unbequeme Töchter, entthronte Patriarchen. Deutschsprachige Bücher über Väter von Autorinnen, Wiesbaden 2001.

Stanzel, Frank K.: Typische Formen des Romans, 12. Auflage, Göttingen 1993.

Straub, Jürgen: Geschichte erzählen, Geschichte bilden. Grundzüge einer narrativen Psychologie historischer Sinnbildung, in: ders. (Hrsg.), Erzählung, Identität und historisches Bewusstsein. Die psychologische Konstruktion von Zeit und Geschichte. Erinnerung, Geschichte, Identität 1, Frankfurt am Main 1998, S. 81–169.

Urban, Urs: Der Raum des Anderen und Andere Räume. Zur Topologie des Werkes von Jean Genet, Würzburg 2007.

Uvanović, Željko: Söhne vermissen ihre Väter. Misslungene, ambivalente und erfolgreiche Vatersuche in der deutschsprachigen Erzählprosa nach 1945, Marburg 2001.

Vogt, Jochen: Erinnerung ist unsere Aufgabe. Über Literatur, Moral und Politik 1945–1990, Opladen 1990.

Weigel, Sigrid: Genea-Logik, München 2006.

dies.: Literatur als Voraussetzung der Kulturgeschichte, München 2004.

Welzer, Harald et al.: ‚Opa war kein Nazi'. Nationalismus und Holocaust im Familiengedächtnis, 5. Auflage, Frankfurt am Main 2005.

Wenzel, Horst: Räume der Literatur. Einleitung, in: Böhme, H. (Hrsg.), Topographien der Literatur. Deutsche Literatur im transnationalen Kontext, Stuttgart 2005, S. 215–223.

Wildt, Michael: Generation als Anfang und Beschleunigung, in: Jureit, U. & Wildt, M. (Hrsg.), Generationen. Zur Relevanz eines wissenschaftlichen Grundbegriffs, Hamburg 2005, S. 160–179.

8. Abbildungs- und Tabellenverzeichnis

Zeitfracht Medien GmbH
Ferdinand-Jühlke-Straße 7
99095 Erfurt, Deutschland
produktsicherheit@kolibri360.de